T. VAQUETTE ET A. LE BALLEUR

MEMENTO

DE

CODE DE COMMERCE

AVEC TABLEAUX DISSÉMINÉS
DANS LE TEXTE, PERMETTANT AU CANDIDAT DE REVOIR
LES MATIÈRES LA VEILLE DE L'EXAMEN

PARIS
T. VAQUETTE
44, BOULEVARD SAINT-GERMAIN, 44

1883

CODE DE COMMERCE

LIVRE PREMIER

Le Code de commerce, promulgué en 1807, est divisé en quatre livres et contient 648 articles. Le livre 1er traite du *commerce en général*; le 2e, du *commerce maritime*; le 3e, des *faillites et banqueroutes*; le 4e, de la *juridiction commerciale.* — Les juges peuvent en outre appliquer les USAGES, c.-à-d. ce qui se pratique d'ordinaire entre commerçants ou dans les négociations commerciales, pourvu que ces usages soient: a. *uniformes;* b. *multipliés;* c. *réitérés* pendant un long espace de temps. Controverse de savoir si un usage général peut abroger la loi écrite. La preuve de l'usage se fait au moyen de *parères* ou avis donnés par les Chambres de commerce. Le *Code civil* est, d'ailleurs, applicable en cas de silence du Code de commerce et d'inexistence d'usages commerciaux. Enfin on appliquera encore les *lois antérieures au Code de commerce* sur les matières incomplètement réglées par ce Code.

COMMERÇANTS. — Sont commerçants: 1° ceux qui font des *actes de commerce*; 2° ceux qui en font leur *profession habituelle.* Un acte isolé de commerce pourrait rendre son auteur justiciable du tribunal de commerce, mais ne le rendrait pas commerçant. Il n'est d'ailleurs pas nécessaire que les actes habituels de commerce constituent la profession *unique* ni même la profession *principale* de leur auteur. Le payement de la *patente* est indifférent. On peut être soumis à la patente sans être commerçant (avocats, notaires). — Les faits qui confèrent la qualité de commerçant seront prouvés par tous les moyens: par témoins, par présomptions de l'homme.

RESTRICTIONS A LA FACULTÉ DE FAIRE LE COMMERCE. — Toute personne, capable de contracter, est habile à faire le commerce, sauf: les magistrats, les avocats, les avoués, les notaires, les huissiers, les agents de change et courtiers, les consuls, les ecclésiastiques, les fonctionnaires quelconques pour les entreprises dont ils ont la direction ou les affaires dont ils doivent ordonnancer le payement, les commandants militaires, préfets et sous-préfets, pour les grains et boissons, dans l'étendue de la circonscription où ils ont autorité. En outre l'Etat se réserve le *monopole* des postes, télégraphes, poudres, tabacs, allumettes, etc... Enfin des conditions de *capacité* sont exigées pour certaines professions (pharmaciens).

Mineur commerçant. — Il est incapable de s'obliger, partant, de faire le commerce. Cependant il peut être relevé de cette incapacité, pourvu: 1° qu'il soit *émancipé*; 2° âgé de *dix-huit ans*; 3° *autorisé* par son père; ou à défaut, par sa mère; ou à défaut du père et de la mère, par une délibération du conseil de famille homologuée par le tribunal civil; 4° que l'acte d'autorisation, qui doit être donnée par acte notarié, ou devant le juge de paix assisté de son greffier, dans le procès-verbal qui constate l'émancipation, soit *inscrite sur un registre* au greffe du tribunal de commerce du lieu où le mineur veut établir son domicile, et *affichée* sur un tableau exposé dans l'auditoire du tribunal. En cas d'inaccomplissement de ces formalités, les actes passés par le mineur sont infectés d'une *nullité relative*, ne pouvant être invoquée que par lui seul. — Au contraire, le mineur a-t-il été valablement autorisé, les actes relatifs à son commerce sont valables, quelque préjudice qu'il en éprouve; et la présomption est que l'engagement par lui souscrit sans expression de cause est relatif à son commerce, et, par conséquent, valable. S'il veut attaquer cet engagement en excipant de son incapacité, il devra détruire cette présomption et démontrer qu'il ne se rattache pas à son commerce.

Le mineur commerçant peut: 1° *vendre ses meubles* et *hypothéquer ses immeubles*, mais seulement pour ses dettes commerciales. Il ne peut *aliéner* ses immeubles, même pour les besoins de son commerce, que dans les cas de nécessité absolue et en observant les formalités prescrites par la loi. 2° *Intenter seul les demandes* qui se rattachent à son commerce et y défendre. 3° *Etre déclaré en faillite*, s'il vient à cesser ses payements. 4° *Contracter seul une société de commerce.*

L'autorisation de faire le commerce peut lui être enlevée comme conséquence de la révocation de l'émancipation, en cas d'abus de sa part.

Le mineur non commerçant, pour être autorisé à faire un acte de commerce, doit jouir pour cet acte de la même capacité que le mineur commerçant.

L'interdit légal, *l'interdit judiciaire* même dans ses intervalles lucides, ne peuvent pas faire le commerce. Il en est de même de celui qui a un *conseil judiciaire.* Toutefois, il pourrait faire des actes isolés de commerce avec l'assistance de son conseil.

Femme mariée. — Elle ne peut être marchande publique sans le consentement, exprès ou tacite, général ou spécial, de son mari. En cas de refus du mari, la justice ne peut pas, selon nous, autoriser la femme. Le commerce peut entraîner la faillite ou la banqueroute. Toutefois, si le mari est interdit ou absent, ou si le commerce de la femme est le seul moyen d'existence de la famille, la justice pourrait intervenir, car l'abus d'un pouvoir n'est pas l'exercice d'un droit.

Le mari peut *révoquer* son consentement: mais si la femme est séparée de biens ou si elle a des paraphernaux, elle peut recourir à la justice pour faire maintenir l'autorisation. La révocation n'est opposable aux tiers de bonne foi que si elle a été publiée au moyen d'insertions et d'une affiche dans l'auditoire du tribunal de commerce.

Si la femme est mineure, elle devra être : 1° *âgée de dix-huit ans* accomplis: 2° *obtenir l'autorisation* de son père ou de sa mère, ou à défaut, du conseil de famille, et celle de son mari. — Si c'est le mari qui est mineur il l'habilitera avec le concours de la justice.

Capacité. — La femme commerçante a le droit de faire sans autorisation spéciale tous les actes relatifs à son commerce. Mais cette autorisation deviendra nécessaire pour plaider même en matière commerciale. Pour les actes étrangers à son négoce, elle a besoin du consentement de son mari ou de la justice. Comme pour le mineur, les engagements par elle contractés et qui n'énoncent pas de cause sont, selon nous, présumés, sauf preuve contraire, pris pour les besoins de son commerce. Si elle est majeure et que son engagement ait une cause commerciale, elle peut seule hypothéquer et aliéner ses immeubles, sauf les immeubles expressément ou tacitement dotaux, puisqu'ils sont inaliénables même avec le consentement du mari.

La femme marchande oblige aussi son mari, s'il y a *communauté* entre eux, car lorsque le mari autorise sa femme, il oblige la communauté, même dans le cas où il aurait fait les réserves les plus expresses.

Sous les régimes *sans communauté* et *dotal*, le mari, selon nous, ne profite pas des bénéfices du commerce : ils ne rentrent pas dans les fruits, ce sont des produits de l'industrie.

Sous le régime de *séparation de biens* contractuelle ou judiciaire, le mari n'est pas responsable; tous les bénéfices qu'elle fait lui appartiennent.

La femme n'est pas réputée marchande publique si elle ne fait que détailler les marchandises du commerce de son mari. Elle n'est considérée que comme son mandataire ou son commis: elle ne s'oblige pas et n'oblige que lui; elle n'est même pas traitée comme son associée.

ACTES DE COMMERCE. — L'acte est commercial lorsqu'il y a spéculation sur la transmission d'une valeur. Par ex., j'achète pour revendre.

Actes commerciaux par eux-mêmes. — Ce sont : 1° l'achat de denrées et de marchandises pour les revendre, c.-à-d., toute acquisition à titre onéreux dans un but de spéculation.

2° Toute entreprise de manufacture ou spéculation qui a pour objet de transformer des matières premières en produits nouveaux en spéculant sur le loyer des marchandises ou le travail des ouvriers.

3° Toute entreprise de commission et toute opération de courtage. Le commissionnaire et le courtier sont des intermédiaires salariés, ils font des actes de commerce et de spéculation.

4° Toute entreprise de transport par terre ou par eau, par ex., les entreprises de chemin de fer, de bateau à vapeur, de messagerie. L'entrepreneur spécule sur le louage des chevaux, voitures, bateaux, etc.

5° Toute entreprise de fournitures. Il y a spéculation sur l'achat et sur la revente ou sur le louage des objets que l'entrepreneur doit livrer.

6° Toute entreprise d'agences, bureaux d'affaires; établissements de vente à l'encan : établissement de spectacles publics : représentations théâtrales ou entreprises formées pour exploiter les lieux où l'on offre au public d'autres divertissements. L'entrepreneur de spectacles publics spécule sur le talent des artistes ou sur le matériel. Controv. de savoir si les engagements des acteurs envers les directeurs sont commerciaux et justiciables des tribunaux de commerce. On décide généralement que le comédien ne fait pas un acte de commerce : il n'est pas intéressé dans l'entreprise. D'autre part, il n'est pas commis ou serviteur de l'entrepreneur de théâtre.

7° Toute opération de change, de banques, privées ou publiques.

8° Toutes entreprises maritimes et les contrats qui en dépendent (achats et ventes de bâtiments, emprunts ou prêts à la grosse, assurances maritimes).

Actes commerciaux en vertu de la théorie de l'accessoire. — En vertu de la règle : *accessorium sequitur principale*, l'acte fait par un commerçant dans l'intérêt de son commerce doit être traité comme acte commercial, encore qu'il ne réunisse pas les caractères inhérents à cet acte. C'est ainsi que les *billets* souscrits par un commerçant sont présumés faits pour son commerce, et comme tels, de la compétence des tribunaux de commerce; et que, sont commerciales toutes obligations entre commerçants, pourvu qu'elles concernent leurs commerces respectifs. Il faut même étendre cette décision aux obligations nées d'un quasi-contrat, délit ou quasi-délit (gestion d'une affaire commerciale, répétition de l'indû par suite d'une erreur dans un compte-courant commercial, concurrence déloyale).

Le *cautionnement* d'une obligation commerciale n'est pas commercial, sauf : 1° en cas d'*aval*, cautionnement d'une lettre de change; 2° en cas de *cautionnement intéressé*, par ex., donné par un banquier moyennant salaire.

L'*achat* ou la *vente d'un fonds de commerce* pour l'exploiter (vente de la clientèle, des marchandises en magasin et du bail des lieux occupés par le commerce) est commercial : c'est une obligation entre commerçants.

Actes commerciaux par l'autorité de la loi. — Ces actes, commerciaux entre toutes personnes, en vertu d'une présomption de la loi qui n'admet pas la preuve contraire, sont relatifs aux *lettres de change* ou *remises d'argent faites de place en place*. En outre, celui qui a apposé sa signature sur une *lettre de change* est soumis à la juridiction commerciale, lors même que la lettre aurait pour cause une opération purement civile. — Le *billet à domicile* ou autres remises d'argent de place en place n'est pas, par lui-même, un acte commercial et ne rend pas le signataire justiciable du tribunal de commerce.

DIFFÉRENCES ENTRE

Les **commerçants**	et Les **non commerçants.**
1° Ils peuvent être juges aux tribunaux de commerce.	Ils ne le peuvent pas.
2° Ils sont soumis à la compétence de ces tribunaux.	Ils n'y sont pas soumis.
3° Ils peuvent invoquer la preuve testimoniale, sans restriction.	Ils ne peuvent l'invoquer que sous certaines conditions.
4° Ils sont dispensés de la formalité des *doubles* dans les contrats synallagmatiques.	Ils y sont assujettis.
5° Ils sont dispensés du *bon et approuvé* dans leurs billets.	Ils y sont astreints.
6° Leurs actes ont date certaine en dehors des conditions prescrites par l'art. 1328 du Code civil.	Ils n'ont date certaine que dans les conditions prescrites par cet article.
7° Ils sont soumis à la patente.	Ils n'y sont pas soumis, en principe.
8° En cas de cessation de payement ils sont soumis à la faillite et quelquefois même à la banqueroute simple ou frauduleuse.	Ils sont soumis à la déconfiture.
9° Ils sont assujettis à la tenue des registres.	Ils n'y sont pas assujettis.
10° Ils doivent donner une certaine publicité à leur régime de mariage.	Ils ne sont soumis à aucune obligation, de ce chef.

Livres de commerce. — Tout commerçant, marchand en gros ou en détail, est tenu d'avoir des livres, cela, soit dans son intérêt : afin qu'il connaisse l'état de ses affaires ; soit dans l'intérêt des tiers, car les livres leur servent de titres contre les marchands. — La sanction est double : *a.* danger pour le commerçant, qui n'a pas tenu de registres, de *perdre son procès*, puisqu'il ne peut pas les produire ; *b.* en cas de faillite, il peut être déclaré *banqueroutier simple* et puni de peines correctionnelles.

Les livres obligatoires sont : 1° le LIVRE-JOURNAL. Il doit relater, jour par jour, articles par articles, toutes les opérations du commerçant : achats, ventes, payements faits ou reçus, négociations, acceptations ou endossements d'effets. Quant aux dépenses de sa maison, il suffit qu'il les énonce en bloc à la fin de chaque mois. — Sont encore usités mais non indispensables : a. le *brouillard*, sur lequel le commerçant consigne toutes les opérations au fur et à mesure qu'elles se font, pour les reporter ensuite au journal ; b. le *grand-livre*, qui contient un compte ouvert à chaque correspondant; c. le *livre de caisse*, où l'on consigne toutes les espèces entrées ou sorties. — 2° Le LIVRE DES COPIES DE LETTRES. Le commerçant doit copier les lettres qu'il envoie et mettre en liasse celles qu'il reçoit. La correspondance est très utile au point de vue de la *preuve* dans les procès. — 3° Le LIVRE DES INVENTAIRES. Il doit faire tous les ans l'inventaire des effets mobiliers et des immeubles, de l'actif et du passif. Il est fait par acte s. s. privé ; c'est un tableau de sa situation.

FORMALITÉS DE LA TENUE DES LIVRES. — 1° Ils doivent être *tenus par ordre de dates*, sans blancs ni lacunes ni transports en marge. — 2° Ils doivent être *cotés*, c.-à-d. chaque page marquée d'un numéro d'ordre; *paraphés* et *visés*, soit par un des juges du tribunal de commerce, soit par le maire ou l'adjoint. La nécessité du timbre a été supprimée par la loi du 20 juillet 1837. — 3° Le livre-journal et le livre des inventaires doivent être *paraphés* et *visés* une fois par an par un juge de commerce, par le maire ou un adjoint, cela pour éviter toute *suppression* ou *intercalation*. Le livre de copie de lettres n'est pas soumis à cette formalité. Les livres non régulièrement tenus ne peuvent faire foi en justice au profit de celui qui les aura tenus, sauf appréciation du juge ; mais ils peuvent être invoqués contre lui.

Le commerçant est tenu de conserver ses livres pendant *dix ans*, à compter de la clôture des registres. D'ailleurs, si on les produit après dix ans, ils auront la même force probante ; et même s'il est constant qu'ils ont été conservés, on peut exiger qu'ils soient représentés.

Force probante des livres. — Les livres tenus par des non-commerçants ne font jamais foi au profit de la personne qui les tient : on ne peut pas se forger un titre à soi-même; mais ils font foi contre elle : *a.* lorsqu'ils énoncent formellement un payement reçu ; *b.* quand ils énoncent une obligation de la personne qui les tient, et qu'il est dit expressément que la note a été faite pour *suppléer* au défaut de titre du créancier.

Quant aux livres tenus par les commerçants, il faut distinguer : *a.* la contestation existe-t-elle entre un commerçant et un non-commerçant, les livres font preuve contre le commerçant mais non en sa faveur. La loi ajoute : sauf ce qui sera dit à l'égard du serment, c.-à-d. le juge peut déférer le *serment supplétoire* à l'une ou à l'autre des parties. Mais ces livres ne permettraient pas l'admission de la preuve testimoniale. *b.* La contestation s'élève-t-elle entre deux commerçants : si le procès a lieu pour faits de commerce, les livres régulièrement tenus peuvent être admis par le tribunal comme moyen de preuve. *c.* Le procès a-t-il lieu entre deux commerçants, pour un fait étranger au commerce, les livres ne sont plus admis comme moyen de preuve.

Dans le cas où l'acte n'est commercial que d'un seul côté (un marchand vend à un banquier quelques pièces d'étoffe pour son usage) la preuve par les livres n'est pas admissible; il faut qu'il s'agisse d'un fait commercial à l'égard de l'une et de l'autre partie.

Si les énonciations des livres de chacun des commerçants sont contraires, le demandeur succombe dans ses prétentions et le défendeur dans les siennes.

Représentation et communication des livres. — Les juges, pour consulter les livres, peuvent en ordonner la représentation ou la communication. — La *représentation* est la production du livre pour être consulté sur un point spécial sans que personne ait le droit de le feuilleter. Elle peut être : 1° *offerte* par le commerçant détenteur des registres; 2° *requise* par son adversaire, qui prétend que la preuve de ce qu'il avance se trouve dans lesdits livres; 3° *ordonnée d'office* par le tribunal, lors même qu'aucune des parties n'en demande la représentation.

La *communication* est la remise des livres avec faculté de les compulser en entier. Elle n'est admise que dans les cas suivants rigoureusement autorisés par la loi : *a.* en cas de *succession*; *b.* en cas de *communauté*; *c.* en cas de *partage* de société; *d.* en cas de *faillite*. Elle est toujours facultative pour le juge.

Si le commerçant aux livres duquel l'adversaire offre d'ajouter foi refuse de les représenter, le tribunal peut déférer le *serment supplétoire* à cet adversaire. Si les livres dont la représentation est offerte, requise ou ordonnée, sont dans des lieux éloignés du tribunal saisi de l'affaire, les juges peuvent adresser une *commission rogatoire* au tribunal de commerce du lieu ou *déléguer* un juge de paix pour en prendre connaissance, dresser un procès-verbal du contenu et l'envoyer au tribunal saisi de l'affaire.

Comptabilité commerciale. — Les livres de commerce sont tenus en *partie simple* ou en *partie double*. Dans ce dernier cas, chaque opération est enregistrée en double; elle est portée à deux comptes ouverts au grand-livre. Toute affaire commerciale donne naissance à un *créditeur*, celui qui transmet la valeur et à un *débiteur*, celui qui la reçoit. Le *crédit* et le *débit* sont deux choses corrélatives et indivisibles. Pour représenter complètement une opération, il faut donc la porter à deux comptes différents que l'on *crédite* et que l'on *débite*. Pour cela le commerçant personnifie chaque branche des opérations. Ainsi on distingue au *grand-livre* les *comptes personnels*, ouverts aux personnes qui font des affaires avec le négociant, et les *comptes généraux*, qui représentent la situation du négociant lui-même. Par ex., les *marchandises générales*, la *caisse*, les *profits et pertes* ont leur compte. De cette manière le commerçant peut, à tout instant, connaître sa position à l'égard de chacun de ses correspondants par leurs comptes particuliers; ses écritures expriment la double situation de son commerce par rapport à lui-même et par rapport aux autres.

Publicité du contrat de mariage. — La loi prescrit la publication du contrat de mariage, lorsque l'un des époux est commerçant, dans l'intérêt des tiers ou des époux, suivant les régimes S'ils ont adopté le régime de la *communauté*, les créanciers ont pour gage non seulement les biens propres du mari, mais encore les biens de la communauté. Lorsque c'est la femme qui est commerçante, étant autorisée de son mari, les créanciers ont pour gage ses biens personnels, les biens de la communauté et même ceux du mari. — S'ils ont adopté le régime de *séparation de biens*, ou le *régime dotal*, les créanciers ont intérêt à le savoir, car, dans le premier cas, la femme conserve la pleine propriété de ses meubles et de ses immeubles; de plus, si c'est elle qui est commerçante, elle est frappée d'incapacité quant à ses immeubles dotaux.

I. L'UN DES ÉPOUX EST COMMERÇANT LORS DU CONTRAT DE MARIAGE. — Si les époux sont mariés sous le régime de *séparation de biens*, sous le *régime exclusif de la communauté*, ou sous le *régime dotal*, la publication doit être faite. L'obligation existe même si les époux ont adopté la *communauté légale*. L'obligation ne cesse que quand il n'y a pas eu de contrat.

II. L'UN DES ÉPOUX DEVIENT COMMERÇANT PENDANT LE MARIAGE. — La publication doit être faite lorsque les époux sont mariés, soit sous le régime de *séparation de biens*, soit sous le *régime dotal*, soit sous le *régime exclusif de communauté*. Elle n'est pas nécessaire, au contraire, s'ils sont mariés sous le régime de la *communauté*, quand même ils auraient fait un contrat.

Lorsque l'un des époux est commerçant lors du mariage, c'est au notaire qu'est imposée l'obligation de la publication, sous peine de 100 francs d'amende en cas de négligence; et s'il y a collusion, de destitution. — Lorsque l'époux n'est devenu commerçant que depuis son mariage, c'est à lui qu'incombe l'obligation, sous peine, en cas de faillite, d'être condamné comme banqueroutier simple.

La publication doit contenir un extrait du contrat de mariage indiquant le régime. Elle doit avoir lieu par le notaire dans le mois de la date du contrat de mariage; et par l'époux commerçant, dans le mois de l'ouverture de son commerce, aux greffes des tribunaux de première instance et de commerce du domicile conjugal; et s'il n'y en a pas, à la maison commune, pour être insérée sur un tableau à ce destiné et exposé pendant un an dans l'auditoire desdits tribunaux ou dans la principale salle de la maison commune. Un extrait doit en outre être inséré aux tableaux exposés dans les chambres des avoués et des notaires.

Publicité de la séparation de biens. — Les jugements de séparation de biens concernant les commerçants sont soumis aux règles du droit commun. Il faut publier la *demande*, car les créanciers ont le droit d'intervenir; il faut publier le *jugement*, car les créanciers antérieurs ont le droit d'y former tierce opposition; et les créanciers postérieurs, le droit de le méconnaître s'il n'est pas publié. La séparation de biens accessoire de la séparation de biens principale est soumise aux mêmes règles que la séparation de biens principale.

DES SOCIÉTÉS

La société est un contrat par lequel deux ou plusieurs personnes conviennent de mettre quelque chose en commun, à l'effet de partager les bénéfices qui pourront résulter de l'association.

CARACTÈRES. — Ce contrat, à titre onéreux, synallagmatique, de bonne foi et de droit des gens, implique :

1° Un *apport* effectué par chacun des contractants, et consistant en argent ou en tout objet appréciable en argent : une clientèle, une marque de fabrique, l'industrie ou le crédit commercial de l'associé. — Si l'apport est réalisé en *propriété*, la société devient immédiatement propriétaire. S'il est réalisé en *usufruit*, elle devient usufruitière : l'associé restant propriétaire reprendra le bien apporté, par préférence, avant tout partage, à la dissolution de la société. S'il est réalisé en *jouissance*, l'associé, resté propriétaire, doit faire jouir la société comme un bailleur, le preneur. L'apport, étant successif, disparaît si la jouissance cesse et entraîne la dissolution de la société.

2° Un *intérêt commun*. — Il faut qu'il y ait perspective d'un bénéfice auquel chacune des parties devra prendre part en commun. De là, ne doivent pas être considérées comme sociétés : *a.* les *tontines*, conventions par lesquelles certaines valeurs sont mises en commun pour, les revenus annuels, être partagés entre les survivants; *b.* les *assurances mutuelles*, conventions par lesquelles certaines personnes conviennent de s'indemniser à frais communs de certains sinistres; l'intérêt n'est pas commun, il est alternatif: *c.* les *sociétés léonines*, conventions qui attribuent tous les bénéfices à l'un des associés; *d.* la convention par laquelle un patron *intéresse un commis* en lui promettant, outre un salaire fixe, une part dans les bénéfices : il ne supporte rien dans les pertes; il n'a droit à aucune part du fonds social. Il peut être congédié sans dommages-intérêts. Toutefois il peut, selon nous, demander la communication des registres de son patron pour vérifier si on lui donne sa part dans les bénéfices.

3° Un *objet licite*, c.-à-d., non contraire à la loi, aux bonnes mœurs ou à l'ordre public (société pour faire l'usure, la contrebande).

La société est *commerciale* ou *civile* selon la nature de ses opérations; peu importent sa dénomination, le nom qu'elle a pris, la forme qui lui a été donnée. Le capital eût-il même été divisé en actions, comme dans certaines sociétés commerciales, la société sera civile si les actes qu'elle fait sont non commerciaux.

Au contraire, fait-elle des actes commerciaux, elle sera commerciale. *Inde* : 1° Elle sera assujettie à certaines règles de *forme* pour sa formation : 2° les administrateurs pourront *obliger* les associés ; 3° en cas de cessation de payement, elle tombera en *faillite*; 4° les contestations entre ses membres seront portées devant le *tribunal de commerce* : 5° les associés non liquidateurs pourront invoquer la *prescription de cinq ans*: 6° elle constituera une *personne morale*, ou être juridique distinct de chacun des associés, ce qui entraînera les conséquences suivantes : elle sera seule propriétaire du fonds social; les créanciers personnels des associés n'auront aucun droit sur ce fonds social, gage exclusif des créanciers sociaux; la société, dans les procès avec les tiers relativement aux affaires sociales, sera mise en cause et non les associés personnellement; il ne pourra y avoir compensation entre une créance de la société et la dette personnelle d'un associé; le droit des associés sera toujours mobilier, quand même la société posséderait des immeubles.

Les sociétés commerciales sont régies : 1° Par la *convention* des parties; 2° par la *loi commerciale* ; 3° par les *usages*.

On distingue : 1° Les *sociétés en nom collectif* : 2° les *sociétés en commandite simple* ou *par intérêts*; 3° les *sociétés par actions*, en général ; 4° les *sociétés anonymes* ; 5° les *sociétés à capital variable*; 6° les *sociétés en participation*.

I. SOCIÉTÉ EN NOM COLLECTIF. — C'est celle dans laquelle les associés, faisant le commerce sous une *raison sociale*, sont connus du public et tenus *solidairement* des dettes de la société. — La raison sociale est l'être juridique distinct de chacun des associés. Elle se compose du nom des associés ou de quelques-uns en ajoutant *et compagnie* (Durand, frères et compagnie). Elle est distincte du nom de la maison, qui peut être connue ou par le nom de son objet ou par une enseigne. La raison sociale ne doit contenir que les noms des associés. Si le nom d'une personne non associée y figurait, et qu'un tiers en eût éprouvé un préjudice, il pourrait se faire indemniser. La raison sociale sert de signature pour la société. C'est sous ce nom que les assignations seront données, les inscriptions prises, etc...

La *solidarité* est-elle de l'essence de la société en nom collectif? Les associés, qui peuvent par une stipulation expresse s'en affranchir dans un cas particulier, peuvent-ils insérer dans le contrat de société une clause en vertu de laquelle ils ne seront pas obligés solidairement? On admet généralement l'affirmative. D'ailleurs, pour que les associés soient tenus solidairement, il faut : 1° que l'engagement ait été contracté par ceux qui avaient qualité à cet effet; 2° sous la raison sociale, ou au moins au nom de la société.

Administration. — **A.** Il n'y a pas d'administrateurs nommés. — Dans ce cas, qui est le plus fréquent, tous les associés gèrent simultanément ; chacun ayant la signature sociale est présumé avoir le pouvoir d'obliger la société ; les autres associés ont seulement le droit de s'opposer à un acte avant qu'il ne soit fait ; la majorité des associés, après délibération, décidera souverainement. C'est en vertu du même principe que nul ne peut faire d'innovation sur les immeubles sans le consentement des autres.

B. Il y a des administrateurs nommés. — Ils peuvent être un ou plusieurs des associés ou même un *étranger*, lequel aura la signature sociale et obligera la société sans s'obliger lui-même, à l'*instar* d'un mandataire. La nomination, qui est faite ou par l'acte de société ou postérieurement, doit être *publiée*, afin de révéler aux tiers que les associés non administrateurs n'ont plus la signature sociale.

Les associés gérants peuvent agir l'un sans l'autre, à moins qu'il n'ait été stipulé que l'un ne pourrait obliger la société sans le concours des autres ou d'un autre.

Si les gérants ont été nommés dans l'acte constitutif de la société, ils sont irrévocables et les associés ne peuvent s'opposer aux actes isolés qu'ils veulent faire que : a. *s'il y a fraude* (auquel cas ils pourront faire opposition à l'acte, et, en cas de persistance, déférer la question aux tribunaux); *b.* ou s'il y a *cause légitime de révocation*, par ex., incapacité manifestée par une série d'actes.

S'ils ont été nommés au cours de la société, ils sont soumis au contrôle des associés, qui peuvent s'opposer à ce qu'ils fassent tel ou tel acte — et ils sont toujours révocables.

Pouvoirs des gérants. — Ils peuvent faire tous les actes de gestion. L'aliénation ou l'hypothèque des immeubles ; la disposition à titre gratuit des meubles ; la remise d'une dette, si ce n'est pas dans un concordat; l'emprunt, sauf pour des sommes modiques et suivant les usages du commerce, leur sont interdits. On admet qu'ils peuvent contracter en leur nom personnel avec la société, représentée par d'autres gérants; intenter ou repousser toutes les actions en justice; obliger la société même par les délits qu'ils commettent dans l'exercice de leurs fonctions; transiger et compromettre dans les limites de leur droit d'aliénation. — S'ils se servent de la signature sociale pour leur intérêt personnel, distinction : le tiers est-il de mauvaise foi, il ne peut invoquer cet engagement contre la société ; est-il de bonne foi, a-t-il cru qu'il s'agissait d'une affaire sociale, la société est obligée.

Droits des créanciers. — Ils ont droit de poursuite et sur le fonds social, qui est leur gage exclusif; et contre les associés, *cautions solidaires* de la société pour les dettes sociales, ce qui implique que les poursuites dirigées contre l'un des associés ou contre la société interrompront la prescription et feront courir les intérêts contre tous; d'ailleurs, celui des associés qui aurait payé une dette sociale n'aurait, à défaut du fonds social, qu'un recours *divisé* contre ses coassociés. Si l'associé, gérant ou non, n'a signé qu'en son nom au lieu de signer la signature sociale, le créancier n'aura que lui pour débiteur. Toutefois, si la société avait ratifié l'acte, même tacitement, elle pourrait être tenue si l'associé a contracté dans l'intérêt social et que la chose lui ait profité.

II. SOCIÉTÉ EN COMMANDITE SIMPLE OU PAR INTÉRÊTS. — Elle a son origine dans le contrat de *commande*, fort usité au moyen âge. Le prêt à intérêt n'étant pas permis, on confiait à un marchand ou à un marin une marchandise ou de l'argent pour en trafiquer et en partager les bénéfices. Aujourd'hui encore, réalisant l'alliance du capital des commanditaires avec l'industrie et le crédit indéfini des associés en nom, elle permet à ces derniers de trouver les fonds dont ils ont besoin : aux capitalistes, de retirer en dividendes plus que l'intérêt de leur agent : et à ceux à qui leur profession interdit de faire le commerce (magistrats, avocats, militaires) de placer avantageusement leurs capitaux. — Elle se forme entre un ou plusieurs associés obligés solidairement sur tous leurs biens (*les commandités* ou *gérants*) et un ou plusieurs bailleurs de fonds tenus seulement jusqu'à concurrence de leur mise (*les commanditaires* ou *bailleurs de fonds*).

Caractères. — Elle constitue une *personne morale*, distincte de chacun des associés et opère sous une *raison sociale*, dans laquelle ne peuvent figurer que les *commandités*, associés responsables et solidaires. Si l'on y avait mis le nom d'un commanditaire, il serait réputé associé solidaire, cela, afin de ne pas tromper les tiers, qui auraient pu compter sur sa solvabilité.

Le commanditaire est un *associé*. De là : *a.* les contestations qui s'élèvent entre lui et les commandités doivent être déférées aux tribunaux de commerce : *b.* la mise du commanditaire fait partie du fonds social; il ne peut donc pas la réclamer vis-à-vis des créanciers de la société, même dans le cas où il en aurait stipulé la reprise; *c.* il est tenu des dettes sociales jusqu'à concurrence de sa mise et peut être poursuivi, de ce chef, par une *action directe* ; et non seulement par l'action oblique de l'art. 1166, C. civ. Mais il n'est pas, au cas d'insolvabilité de la société, tenu de *rapporter* les dividendes qu'il a touchés pendant la durée de la société. Cependant le commanditaire n'est pas *commerçant* : la commandite a été inventée précisément pour appeler les capitaux de ceux qui ne peuvent pas faire le commerce. D'autre part, s'il est vrai de dire qu'il est *associé bailleur* de fonds, il n'est pas un véritable *prêteur*.

Gestion. — La société est gérée par les commandités, associés en nom, tenus solidairement sur tous leurs biens. Les commanditaires, qui n'engagent que leurs apports et ne sont pas connus des tiers, ne peuvent faire aucun acte de gestion, exercer aucune fonction de direction au sein de la société ni traiter au dehors comme la représentant, même en vertu de procuration au nom des gérants, car ils offriraient au public un homme sans solvabilité dont ils feraient le gérant responsable. Cette prohibition ne s'applique pas, d'ailleurs, aux actes que le commanditaire ferait avec la société, et *vice versa*; par ex., il peut vendre à la société et acheter d'elle, etc. La loi du 6 mai 1863 a supprimé l'interdiction qui pesait sur lui d'être *employé pour les affaires de la société*. Il peut même désormais, aux termes de la même loi, éclairer les résolutions des gérants, assister aux assemblées, concourir aux délibérations, vérifier les livres, etc.

DIFFÉRENCE ENTRE

Le **commanditaire** et	Le **prêteur**.
1° Il a droit à un dividende, c.-à-d., une part des bénéfices qui peut être supérieure au taux légal.	Il n'a droit qu'à un intérêt fixe et limité.
2° Il n'a droit à aucun dividende si la société ne réalise pas de bénéfices.	Il a toujours droit à l'intérêt de son argent, même quand la société ferait des pertes.
3° Il peut perdre ses capitaux, pour payer les dettes de la société.	Il a toujours droit à leur remboursement.
4° Il est appelé aux comptes annuels, aux assemblées, pour la fixation des profits et des pertes.	Il n'a droit qu'aux intérêts, et, à l'échéance, au remboursement de son capital.
5° En cas de faillite de la société, il est débiteur des créanciers sociaux et n'a de droits que lorsque tous sont désintéressés.	Il est créancier dans la faillite et a un tant pour cent.

Conséquences de l'immixtion du commanditaire. — Aux termes de l'art. 28 C. de com., en cas d'immixtion dans les affaires de la société, il était responsable, comme les gérants, pour toutes les dettes et engagements de la société et responsable solidairement avec eux. — La loi du 6 mai 1863 établit contre lui deux sortes de responsabilités, l'une *forcée*, l'autre *facultative* : 1° en cas d'immixtion, le commanditaire *devra* être déclaré responsable solidairement avec les associés en nom collectif pour les dettes et engagements de la société, qui sont la conséquence directe de son immixtion; les tiers auront ainsi la garantie sur laquelle ils ont dû compter: 2° les tribunaux *pourront*, selon les cas, le déclarer solidairement obligé pour tous les engagements de la société ou pour quelques-uns seulement; et si les actes d'immixtion ont été assez multipliés pour y voir cette habitude qui caractérise la qualité de commerçant, il pourra être déclaré commerçant et mis en faillite.

Si le commanditaire ne s'est pas immiscé, distinction : a-t-il versé son apport, on ne peut plus rien lui demander; ne l'a-t-il pas versé, la société a une action contre lui pour le lui faire verser. On décide même que les créanciers sociaux peuvent aussi exercer contre lui une *action directe*, car il est membre de la société, et les gérants, qui sont ses mandataires, ont pu directement l'obliger envers les tiers. Toutefois, quoique poursuivi par une action directe, le commanditaire n'est pas tenu solidairement, même jusqu'à concurrence de sa mise. Mais cette action sera *commerciale*, parce que l'engagement qu'il a pris, au début de la société, de faire son apport, a été un acte commercial en vertu de la théorie de l'accessoire.

III. SOCIÉTÉ PAR ACTIONS. — La part de l'associé dans une société peut se produire sous la forme d'un *intérêt* ou d'une *action*. L'*intérêt* est le droit éventuel au partage des bénéfices annuellement, et au partage du fonds social à la dissolution de la société. Il est *mobilier*, même quand la société posséderait des immeubles; de *quotité incertaine*, par opposition au droit d'un bailleur de fonds, qui est d'une somme fixe; il est constitué pour toute la durée de la société, et ne deviendra exigible qu'à sa dissolution. — L'action, c'est d'après les uns, l'intérêt lorsqu'il est *cessible* : d'après d'autres, lorsqu'il est *négociable*, c.-à-d., cessible par les voies commerciales (transfert, endossement ou simple tradition.

Peut-être est-il préférable de définir, avec M. Boistel, non pas l'intérêt et l'action isolément, mais les *sociétés par intérêts et les sociétés par actions*.

D'après cet auteur, une société est par intérêts, lorsque, la fondant surtout sur la considération des personnes, on n'a pas prévu et organisé dès le début, d'une manière générale, la transmission facile et fréquente des parts d'associé.

Une société est *par actions* lorsque, ayant en vue surtout les capitaux, et voulant faire appel au public, on a organisé dès le début, et comme règle générale, la transmission facile et fréquente des parts d'associés: ou lorsque la cession a été envisagée, lors de la fondation de la société, comme une éventualité normale, pouvant et devant se réaliser d'une façon constante et réitérée. — Cette intention des parties se révélera : *a.* par *l'égalité des coupures* du capital, ce qui entraîne l'indivisibilité des actions, sauf dans certaines sociétés où il y a des *actions de quotité*, donnant droit à un quart, un huitième du capital social, et dont les fractions peuvent ne pas être égales pour les actionnaires d'une même société; *b.* par *l'appel au public* pour la souscription ; *c.* par la *négociabilité par les voies commerciales*.

Les sociétés par actions sont des sociétés de *capitaux*, et non de *personnes*. De là : *a.* N'étant pas contractées *intuitu personæ*, elles échappent aux causes de dissolution qui tiennent à la personne des associés (mort, déconfiture, interdiction); *b.* elles permettent de réunir un capital beaucoup plus considérable, en rassemblant beaucoup de petites souscriptions; *c.* elles permettent aux actionnaires de sortir facilement de la société en vendant leurs actions. — Ces actions peuvent être: 1° *nominatives*, elles font connaître le nom du titulaire: la propriété s'en transmet par une déclaration de transfert inscrite sur les registres de la société, et signée de celui qui fait le transport ou de son fondé de pouvoir; 2° *au porteur*, elles peuvent être cédées par la simple tradition du titre, par la remise de la main à la main: on leur applique la maxime *en fait de meubles possession vaut titre*; 3° *à ordre*, elles se transmettent par une cession inscrite au dos du titre et que, pour cette raison, on appelle *endossement*. Cette dernière forme d'action est peu usitée.

Consitution de la société en commandite par actions. — La loi du 24 juillet 1867, fondamentale en cette matière, édicte les prescriptions suivantes :

1° Pour éviter l'agiotage et la fraude dont étaient victimes les artisans et les ouvriers, souscripteurs d'actions d'un capital exigu, la valeur nominale des actions ou coupons d'actions ne peut être inférieure à 100 francs si le capital social n'excède pas 200,000 francs, et à 500 francs s'il est supérieur à ce chiffre.

2° Le capital social doit être intégralement souscrit; et chaque actionnaire doit effectuer le versement du quart du montant des actions par lui souscrites.

3° La déclaration de la *souscription de la totalité du capital* et du *versement du quart par chaque actionnaire* doit être faite par le gérant, dans un *acte notarié*, auquel on annexe : 1° La liste des souscripteurs; 2° l'état des versements effectués: 3° l'un des doubles de l'acte de société, s'il est sous seings privés, ou une expédition, s'il est notarié, et s'il a été passé devant un notaire autre que celui qui a reçu la déclaration. Quand l'acte de société est sous seings privés, l'autre double reste déposé au siège social.

4° Il peut être stipulé, mais seulement par les statuts constitutifs de la société, que les actions pourront, après avoir été libérées de moitié, être converties en actions au porteur par délibération de l'assemblée générale. La loi du 17 juillet 1856 décidait que les actions ne pouvaient être au porteur qu'après leur entière libération; elle déclarait, en outre, tout souscripteur d'actions responsable du payement du prix intégral des actions qu'il avait souscrites, cela afin d'attacher aux sociétés des commanditaires sérieux et intéressés à leur prospérité.

5° Les souscripteurs d'actions sont tenus personnellement, et sur tous leurs biens, au payement total des actions par eux souscrites; en cas de *cession*, les cessionnaires successifs et le porteur sont tenus concurremment avec les souscripteurs. Les actions doivent rester nominatives jusqu'à leur complète libération. Néanmoins, il peut être stipulé, mais seulement dans les statuts constitutifs de la société, que l'assemblée générale pourra, par un vote spécial, après versement de la première moitié, autoriser la *conversion* des actions en actions au porteur.

A partir du vote qui autorise la conversion, soit que les actions restent nominatives, soit que les actionnaires se fassent délivrer des titres au porteur, les actions seules sont débitrices des versements non effectués. Toutefois, les souscripteurs primitifs et les cessionnaires auxquels les actions auront été cédées avant le vote de conversion resteront encore personnellement tenus pendant un délai de *deux ans*.

6° Les actions ne sont *négociables* (cessibles par un mode commercial) qu'après versement du *quart*; mais elles sont cessibles sans restriction, selon les voies autorisées par le droit civil.

7° Les apports qui ne consistent pas en numéraire ou les avantages particuliers stipulés par un ou plusieurs associés ne sont valables qu'autant que la valeur de l'apport ou la légitimité des avantages ont été appréciés par une première assemblée générale des actionnaires convoquée à cet effet. Une seconde réunion est, en outre, nécessaire pour statuer sur l'approbation de l'apport ou des avantages. La seconde assemblée ne peut, d'ailleurs, statuer qu'après un rapport imprimé, qui doit être tenu à la disposition des actionnaire, *cinq jours* au moins avant la réunion de cette assemblée. — La majorité de ces assemblées (en nombre et en sommes) doit comprendre, indépendamment de la pluralité des actionnaires présents, le quart de tous les actionnaires, présents ou non, et représenter le quart du capital social en numéraire.

8° La société ne peut commencer ses opérations qu'après la nomination d'un *conseil de surveillance*.

Conseil de surveillance. — Il est composé d'actionnaires, nommé par l'assemblée générale immédiatement après la constitution définitive de la société et réduit par la loi de 1867 au nombre *minimum* de *trois* membres. Il est soumis à la réélection aux époques et suivant les conditions déterminées par les statuts. Toutefois, quand il s'agit de le constituer pour la première fois, la nomination de ses membres ne peut être faite que pour une année. Elle a lieu à la majorité numérique des actionnaires présents à la délibération.

Ses attributions. — Ce premier conseil de surveillance doit vérifier si toutes les conditions prescrites pour la constitution de la société ont été remplies. L'inobservation, en effet, entraînerait la nullité de la société. Il en serait ainsi, par ex. : *a.* Si le capital social n'avait pas été souscrit en entier ou si chaque actionnaire n'avait pas versé le quart au moins du montant de ses actions; *b.* si les apports ne consistant pas en argent ou les avantages particuliers stipulés par un ou plusieurs associés n'avaient pas été soumis à l'approbation des deux assemblées générales sus-indiquées : *c.* si la valeur nominale des actions était inférieure à 100 francs ou à 500 francs; *d.* s'il avait été stipulé dans les statuts que les actions pourraient être négociées avant le versement du quart, etc.

La nullité, qui résulte de ces différents cas, peut être opposée par les associés les uns aux autres; par les tiers aux associés, mais non par les associés aux tiers; et si un préjudice pour la société ou pour les tiers est résulté de l'annulation, les membres du premier conseil de surveillance peuvent être déclarés responsables avec le gérant, mais non solidairement. Toutefois, la responsabilité solidaire peut être prononcée contre ceux des associés dont les rapports ou les avantages n'auraient pas été vérifiés et approuvés.

Les membres du conseil de surveillance vérifient les livres, la caisse, le portefeuille et les valeurs de la société; ils doivent présenter chaque année à l'assemblée générale un rapport dans lequel ils sont tenus de signaler les irrégularités et inexactitudes qu'ils ont reconnues dans les inventaires, et constater, s'il y a lieu, les motifs qui s'opposent aux distributions de dividendes proposées par le gérant. Aucune répétition de ces dividendes ne peut être exercée contre les actionnaires, si ce n'est dans le cas où la distribution en a été faite en l'absence de tout inventaire ou en dehors des résultats constatés par l'inventaire. — L'action en répétition se prescrit par *cinq ans*, à partir du jour fixé pour la distribution. — Tout actionnaire, quinze jours avant la réunion de l'assemblée générale, peut prendre, au siège social, communication du bilan, des inventaires et du rapport. Enfin le conseil de surveillance a le droit de convoquer l'assemblée générale et de provoquer la dissolution de la société; mais l'action en dissolution ne peut être intentée que par l'assemblée et sur son avis conforme.

Les membres du conseil de surveillance n'encourent aucune responsabilité, en raison des actes de la gestion et de leurs résultats; chacun d'eux n'est responsable, conformément au droit commun, que de ses fautes personnelles. Ils ne sont pas civilement responsables des délits commis par les gérants.

Sanction. — 1° *L'émission d'actions* ou coupons d'actions d'une valeur inférieure à 100 ou 500 francs, ou avant la souscription de la totalité du capital, ou le versement du quart; la *négociation* des actions auxquelles on aurait donné la forme au porteur en dehors des formalités prescrites par la loi sont punies d'une amende de 500 à 1,000 francs.

2° La *participation* à ces négociations et la *publication* de la valeur desdites actions; le fait par le gérant d'avoir *commencé les opérations* avant l'entrée en fonctions du conseil de surveillance; la *création frauduleuse d'une majorité factice* dans les assemblées générales par ceux qui se seraient présentés comme propriétaires d'actions ou de coupons d'actions qui ne leur appartenaient pas : la *remise des actions* dans le but d'en faire cet usage frauduleux, sont punies de la même peine, sans préjudice de tous dommages-intérêts, s'il y a lieu, envers la société ou envers les tiers. En outre, dans ces deux derniers cas (création frauduleuse d'une majorité factice et remise d'actions), il peut être prononcé une peine de quinze jours à six mois d'emprisonnement.

3° *La simulation de souscriptions ou de versements,* ou la publication, faite de mauvaise foi, de souscriptions ou de versements fictifs; la *publication*, faite de mauvaise foi, du nom de personnes présentées faussement comme attachées à la société; la *répartition de dividendes fictifs* aux actionnaires par les gérants, en l'absence d'inventaires ou au moyen d'inventaires frauduleux, sont punies de la peine de l'escroquerie.

Dans ces divers cas, il peut être accordé des circonstances atténuantes (L. 24 juillet 1867).

Représentation en justice. — Lorsque des actionnaires représentant le *vingtième* au moins du capital social ont, dans un intérêt commun, à soutenir, tant en demandant qu'en défendant, un procès contre les gérants ou contre les membres du conseil de surveillance, ils peuvent charger, à leurs frais, un ou plusieurs *mandataires* de les représenter en justice, sans préjudice de l'action que chaque actionnaire peut intenter individuellement en son nom personnel (L. 24 juillet 1867).

Cette disposition, qui vise les contestations entre le gérant et les actionnaires agissant collectivement et dans un intérêt commun, ne serait pas applicable, selon nous, dans les contestations entre une catégorie d'actionnaires et une autre catégorie; ni à l'action intentée par un *seul sociétaire* contre le gérant, quand même l'actionnaire qui voudrait plaider par mandataire représenterait à lui seul le *vingtième* du capital.

Dispositions transitoires. — 1° Les sociétés en commandite par actions antérieures à la loi du 17 juillet 1856 qui n'auraient pas de conseil de surveillance sont tenues, aux termes de l'article 18 de la loi du 24 juillet 1867, de s'en constituer un, conformément aux dispositions de cette dernière loi; passé ce délai tout actionnaire aurait le droit de faire prononcer la dissolution de la société.

2° L'art. 19 de la loi du 24 juillet 1867 permet aux sociétés en commandite par actions, antérieures à la promulgation de ladite loi, dont les statuts prévoient la transformation en société anonyme autorisée par le gouvernement, de se convertir en société anonyme dans les termes de cette loi, en se conformant aux conditions stipulées dans les statuts pour la transformation.

3° L'art. 20 de la loi du 24 juillet 1867 abroge la loi du 17 juillet 1856 sur les sociétés en commandite par actions.

IV. SOCIÉTÉ ANONYME. — C'est celle dans laquelle aucun associé n'est connu. C'est une association de capitaux; il n'y a que l'élément réel, et aucun associé n'est tenu au delà de sa mise. Elle n'a pas de *raison sociale* révélant les noms d'associés responsables; on la désigne par l'objet de son entreprise : *compagnie du chemin de fer du Nord.* Le capital des sociétés anonymes se divise habituellement en actions ou coupons d'actions d'une valeur égale. Sous l'empire du Code de commerce, elle ne pouvait se constituer qu'avec l'autorisation du gouvernement. Depuis la loi du 24 juillet 1867, elle peut se former sans cette autorisation, sauf : 1° Les *tontines* et les *compagnies d'assurance*: 2° les *sociétés anonymes étrangères.* Cette autorisation peut être donnée : *a.* par décret rendu dans la forme prescrite pour les règlements d'administration publique (*autorisation individuelle*); *b.* par décret en Conseil d'État, pour toutes les sociétés d'un pays (*autorisation générale*); *c.* par un *traité de commerce* consenti par les Chambres législatives.

Elle peut se former par acte sous seings privés, avec double original, quel que soit le nombre des associés. Elle ne peut être constituée si le nombre des associés est inférieur à *sept*, afin qu'on ne se serve pas de la forme anonyme pour faire des affaires en évitant toute responsabilité personnelle.

Gestion — Trois pouvoirs concourent à la gestion de la société anonyme : *l'assemblée générale*, pouvoir souverain; les *administrateurs*, mandataires des associés, nommés par l'assemblée générale ou désignés par les statuts; 3° les *commissaires* ou *censeurs*, chargés de contrôler la gestion.

I. ADMINISTRATEURS. — Mandataires ordinaires, ils sont essentiellement *révocables*, même *sans cause légitime*, soit qu'ils aient été nommés dans l'acte de société; soit qu'ils l'aient été postérieurement. Ils ne peuvent être choisis que pour *six ans*, au *maximum*; mais ils peuvent être réélus si les statuts ne le défendent pas. Ils doivent être pris parmi les *associés*, sauf, si les statuts le permettent, à se substituer un mandataire étranger, dont ils sont responsables envers la société. Ils figurent dans les contrats au nom de la société, qu'ils engagent, sans s'engager eux-mêmes. Les tiers n'ont pas d'action même subsidiaire contre eux. Les administrateurs doivent être propriétaires d'un nombre d'actions déterminé par les statuts, lesquelles sont affectées en totalité à la garantie de tous les actes de la gestion, même de ceux qui seraient exclusivement personnels à l'un des administrateurs. Elles sont *nominatives*, *inaliénables*, *frappées d'un timbre* indiquant l'inaliénabilité et *déposées* dans la caisse sociale. Ils ne peuvent prendre ou conserver un *intérêt* direct ou indirect dans une *entreprise* ou dans un *marché* fait avec la société, à moins d'y avoir été autorisés par l'assemblée générale. S'ils n'exécutent pas leur mandat ou s'ils outrepassent leurs pouvoirs, ils sont personnellement et indéfiniment responsables, soit envers la société, soit envers les tiers, du préjudice causé. Ils sont, en outre, responsables, individuellement ou solidairement, suivant que la faute est commune à tous ou personnelle à l'un d'eux, envers la société ou envers les tiers, soit des infractions aux dispositions de la loi du 24 juillet 1867, soit des fautes qu'ils ont commises dans leur gestion; notamment en distribuant ou même en laissant distribuer sans opposition des *dividendes fictifs*, même quand la distribution n'aurait pas été faite frauduleusement. Ils doivent vérifier l'accomplissement des formalités initiales; et en cas de *nullité* de la société ou des actes et délibérations, ils sont, avec les fondateurs, solidairement responsables envers les tiers du préjudice causé par la nullité.

II. Assemblées. — Il doit être tenu, chaque année au moins, une assemblée générale à l'époque fixée par les statuts. Les délibérations sont prises à la majorité des voix. Il est rendu compte aux actionnaires de ce qui s'est passé dans l'exercice de l'année écoulée ; et l'on fixe, s'il y a lieu, les dividendes. Quant à la composition et à la manière de voter, il faut distinguer trois classes d'assemblées ou réunions.

a. *Assemblées constituantes.* — Elles ont pour mission de vérifier les conditions constitutives de la société ; de vérifier les apports et de nommer les administrateurs et les commissaires. Tout actionnaire, quel que soit le nombre des actions dont il est porteur, peut prendre part aux délibérations ; les statuts déterminent le nombre de voix qui appartient à chaque individu, eu égard au nombre d'actions dont il est porteur. Il faut en outre un nombre d'actionnaires représentant le *quart* au moins du capital social ; sinon l'assemblée ne peut prendre qu'une délibération provisoire, laquelle devient définitive si elle est approuvée par une nouvelle assemblée composée d'un nombre d'actionnaires représentant le *cinquième* au moins du capital social, le tout après deux avis publiés à huit jours d'intervalle, au moins un mois à l'avance, dans l'un des journaux désignés pour recevoir les annonces légales, faisant connaître aux actionnaires les résolutions provisoires adoptées par la première assemblée.

b. *Assemblées ordinaires.* — Elles sont réunies au moins une fois par an. Elles ont pour objet d'entendre les rapports des censeurs et des administrateurs; d'approuver le bilan, les comptes et les dividendes proposés. Elles nomment les commissaires du contrôle pour l'année ; réélisent les administrateurs ; enfin prennent les mesures qui dépassent les pouvoirs des administrateurs. Elles doivent réunir un nombre d'actionnaires représentant le *quart* au moins du capital social ; sinon une nouvelle assemblée est convoquée dans les formes et avec les délais prescrits par les statuts, et elle délibère valablement, quelle que soit la portion du capital représentée par les actionnaires.

c. *Assemblées extraordinaires.* — Elles sont convoquées pour délibérer, soit sur des modifications aux statuts, soit sur des propositions de continuer la société au delà du terme fixé pour sa durée, ou de la dissoudre avant le terme. Elles ne sont régulièrement convoquées et ne délibèrent valablement qu'autant qu'elles sont composées d'un nombre d'actionnaires représentant la *moitié* au moins du capital social.

Sanction. — La sanction, en cas d'inobservation des prescriptions de la loi, est la *nullité*. Si la nullité est imputable aux fondateurs, ils sont responsables et doivent réparer le préjudice causé. D'autre part, la loi limite la responsabilité aux administrateurs qui étaient en fonctions au moment où la nullité a été encourue. La solidarité est prononcée contre tous envers les tiers qui auraient été lésés, sans préjudice du droit des actionnaires. Les juges peuvent même étendre la responsabilité solidaire à ceux des associés dont les apports ou les avantages n'auraient pas été vérifiés ou approuvés.

III. Commissaires ou censeurs. — Ils sont nommés pour un an seulement par l'assemblée générale annuelle ; rééligibles ; associés ou non ; salariés ou non salariés. Ils font un rapport annuel sur la situation de la société, le bilan et les comptes; vérifient les opérations sociales et préparent la délibération de l'assemblée. Pendant le trimestre qui précède l'époque fixée par les statuts pour la réunion de l'assemblée générale, ils ont droit, toutes les fois qu'ils le jugent convenable dans l'intérêt social, de prendre communication des livres et l'examiner les opérations de la société. L'étendue et les effets de leur responsabilité envers la société sont déterminés d'après les règles générales du mandat.

Mesures diverses. — 1° Les administrateurs sont tenus de dresser, chaque semestre, un *état sommaire* de la situation active et passive de la société.

2° Il doit aussi être fait chaque année un *inventaire*, lequel est mis à la disposition des commissaires, *quarante jours*, au plus tard, avant l'assemblée générale, afin qu'ils y puisent les renseignements nécessaires pour la rédaction du rapport qu'ils doivent faire à cette assemblée.

3° Tout actionnaire a le droit de prendre, au siège social, *quinze jours* au moins avant la réunion de l'assemblée générale, communication de l'inventaire et de la liste des actionnaires, et de se faire délivrer une copie du bilan résumant l'inventaire et du rapport des commissaires.

4° Il est fait annuellement, sur les bénéfices nets, un *prélèvement* d'un vingtième au moins pour la formation d'un fonds de réserve. Ce prélèvement cesse d'être obligatoire, lorsque le fonds de réserve a atteint le dixième du capital social.

5° En cas de perte des *trois quarts* du capital social *réalisé* et non seulement souscrit, les administrateurs sont tenus de provoquer la réunion de l'assemblée générale de tous les actionnaires, à l'effet de statuer sur la question de savoir s'il y a lieu de prononcer la dissolution de la société.

6° La dissolution peut être prononcée sur la demande de toute partie intéressée, lorsqu'un an s'est écoulé depuis l'époque où le nombre des associés est réduit à moins de *sept*.

APPENDICE. — *Actions et obligations.* Indépendamment des ACTIONS AU PORTEUR, qui se négocient par la simple *tradition* du titre; des *actions à ordre*, qui se négocient par *endossement*, c'est-à-dire par une mention écrite au dos du titre; des ACTIONS NOMINATIVES, qui se transmettent par un *transfert réel* sur les registres de la société, ou par un *transfert d'ordre*, motivé par le secret imposé aux agents de change sur le nom de leurs clients, ou par un *transfert de garantie*, ayant pour objet de donner en gage un titre nominatif, on distingue encore : les ACTIONS DE CAPITAL, qui donnent à l'associé le droit aux dividendes annuels, et, dans l'avenir, au partage du fonds social ; les ACTIONS INDUSTRIELLES, attribuées en échange d'un apport en industrie, qui donnent droit au partage des bénéfices annuels (coupon de dividende et coupon d'intérêt), mais non au partage du fonds social à la dissolution de la société; les ACTIONS DE JOUISSANCE, attribuées à l'actionnaire dont le capital versé a été remboursé par l'amortissement, et qui lui donne droit de partager l'excédant des profits après le remboursement de toutes les autres actions: ces actionnaires, qui n'ont plus droit au coupon d'intérêt, ont droit au coupon dividende; les ACTIONS NOUVELLES, attribuées aux nouveaux actionnaires d'une société qui a déjà fait des émissions antérieures : ces actionnaires, pendant quelque temps, auront un coupon d'intérêt sans avoir un coupon de dividende (les anciens actionnaires qui ont, dès le début de la société, couru les risques de l'entreprise, toucheront un coupon de dividende); les ACTIONS DE FONDATION, attribuées aux fondateurs en échange d'apports en nature (usine machines, clientèle); les ACTIONS DE PRIME, attribuées en rémunération de services rendus à la société par la publicité, des démarches, etc.

V. SOCIÉTÉS A CAPITAL VARIABLE. — La société à capital variable est celle dans laquelle le capital social peut être *augmenté* par des versements successifs des associés ou l'admission de nouveaux membres, et être *diminué* par le retrait total ou partiel des apports. Le capital, au lieu d'être fixe, est variable; le nombre des associés est mobile.

Elle est soumise aux règles de celle des sociétés dont elle a revêtu la forme (société en commandite par actions ou société anonyme), et en outre, aux dispositions suivantes :

1° Le capital social, à l'origine de la société, ne peut être supérieur à 200,000 francs. Mais il peut être augmenté, d'année en année, de pareille somme, par des délibérations de l'assemblée générale.

2° Les actions sont nominatives, même après leur entière libération. Les associés étant, en général, des ouvriers, il importe d'éviter l'agiotage.

3° Les actions ou coupons d'actions sont de 50 francs, mais ne peuvent être d'un taux inférieur. Ils ne sont négociables qu'après la constitution définitive de la société, laquelle est effectuée après le versement du *dixième* seulement du capital social. En outre, la négociation des actions ne peut avoir lieu que par voie de *transfert* sur les registres de la société, et les statuts peuvent donner, soit au conseil d'administration, soit à l'assemblée générale, le droit de s'opposer au transfert.

4° La limite au-dessous de laquelle le capital social peut descendre, par la faculté de retrait des apports, est déterminée par les statuts, qui ne peuvent, d'ailleurs, l'abaisser à une somme inférieure au dixième du capital social.

5° Chaque associé peut se retirer de la société lorsqu'il le juge convenable. Cependant les statuts peuvent mettre quelque restriction à cette faculté, et, en outre, elle est subordonnée à la condition que, par suite de cette retraite, le capital social ne tombera pas au-dessous de la limite *minimum* qu'ils ont fixée. Dans tous les cas, l'associé qui se retire est tenu envers la société, ou envers les tiers, des engagements qui lui incombaient au moment de sa retraite. Il n'en sera affranchi qu'après un délai de cinq ans, à dater de cette époque.

6° La société à capital variable, qui peut être commerciale ou civile, ne prend pas fin par la survenance des événements qui mettent l'un des associés dans l'impossibilité de continuer ses rapports sociaux; elle continue de plein droit entre les autres associés, sauf stipulation contraire dans les statuts.

VI. ASSOCIATION EN PARTICIPATION. — C'est celle dans laquelle on est convenu de partager les bénéfices et les pertes, mais où il n'y a pas de collaboration active, les coparticipants ne travaillant pas en commun, mais un seul ou quelques-uns agissant pour tous. Tel est l'achat d'une cargaison par un négociant, *de compte à demi* avec un autre, de façon à partager les bénéfices ou les pertes.

Il n'y a pas de *fonds commun*; un seul coparticipant dans chaque opération est connu des tiers, qui ne comptent que sur son crédit; il n'y a pas de *raison sociale*, ni de *personnalité morale*, ni de *solidarité* entre les coparticipants. Il ne peut y avoir *faillite* de l'association en participation, mais seulement faillite individuelle des coparticipants.

Elle est relative à une ou plusieurs affaires déterminées et non à un ensemble d'opérations qui devraient durer pendant un temps plus ou moins long. Le capital de l'entreprise est fourni par celui qui agit; il devient seul propriétaire des marchandises qu'il achète, ce qui implique qu'il peut les revendiquer en cas de faillite de ses coparticipants.

Les tiers qui ont traité avec l'un des coparticipants n'ont action que contre lui. Ils subiront le concours de ses créanciers personnels parmi lesquels figureront ses coparticipants s'ils ont une créance contre lui; même ceux qui ont traité avec l'un des coparticipants pour l'objet de la participation n'ont pas d'action directe contre les autres participants, à moins qu'ils n'aient tous contracté ou que l'un ait agi comme mandataire.

Les bénéfices et les pertes sont répartis entre les intéressés, d'après les termes de la convention; à défaut de stipulation, proportionnellement aux capitaux engagés par chacun dans les opérations.

Preuve des sociétés. — Les sociétés en nom collectif, en commandite et anonyme et la société à capital variable, qui emprunte l'une des formes de ces sociétés ne peuvent être prouvées que *par écrit*, lors même que l'objet de la société serait d'une valeur inférieure à 150 francs. L'écrit peut, d'ailleurs, être authentique ou sous seings privés. Dans ce dernier cas, si la société est en nom collectif, l'acte devra être fait en autant d'originaux qu'il y a d'associés. Il en sera de même, selon nous, si la société est en commandite simple ou par intérêt. Enfin, si la société est en commandite par actions ou anonyme, aux termes de la loi du 24 juillet 1867, il suffit de deux doubles, l'un annexé à la déclaration notariée de souscription du capital social, et l'autre déposé au siège social. L'écrit n'est exigé que *probationis causa*; et aucune preuve par témoins ne peut être admise contre et outre le contenu dans les actes de société, ni sur ce qui serait allégué avoir été dit avant l'acte, lors de l'acte ou depuis, encore qu'il s'agisse d'une somme inférieure à 150 fr. Toutefois, la preuve des modifications apportées à un acte de société pourrait être faite par les livres de la société.

L'association en participation, étant un contrat consensuel, peut se prouver par le simple concours des volontés. Aucune formalité d'écriture ni de publicité n'est prescrite; son existence sera établie par tous les modes de preuve admis en matière commerciale: les livres, la correspondance, la preuve testimoniale, les présomptions, etc...

Publicité des sociétés. — Prescrite dans l'intérêt des tiers, elle consiste :

A. Dans le dépôt au greffe de la justice de paix et à celui du tribunal de commerce du lieu dans lequel est établie la société, dans le mois de la constitution de toute société commerciale, d'un *double de l'acte constitutif*, s'il est sous seings privés, ou d'une *expédition*, s'il est notarié. — *Si la société est en commandite par actions*, on doit annexer à l'acte constitutif déposé : 1° une expédition de l'acte notarié constatant la souscription du capital social et le versement du quart (ou du dixième, si la société est à capital variable) ; 2° une copie certifiée des délibérations de l'assemblée générale relatives à la vérification et à l'approbation des apports ou des avantages. — *Si la société est anonyme*, il faut joindre aux pièces ci-dessus : 1° une copie certifiée de la délibération de la premièr assemblée générale qui a été appelée à vérifier la sincérité de la déclaration des administrateurs, constatant la souscription de la totalité du capital social et les versements du quart ou du dixième ; 2° la liste nominative, dûment certifiée, des souscripteurs, contenant les prénoms, noms, qualités, demeures et le nombre d'actions de chacun d'eux.

B. Dans la publication, aussi dans le mois de la constitution de la société, d'un *extrait de l'acte constitutif*, et des pièces qui doivent y être annexées, dans l'un des journaux désignés pour recevoir les annonces légales. — *Si la société est en nom collectif*, l'extrait contiendra : l'énonciation que la société est en nom collectif ; l'indication de la raison sociale ; celle du siège social ; les noms, qualités et demeures des associés ; la désignation des associés autorisés à gérer, administrer et signer pour la société ; l'époque où la société commence et celle où elle doit finir ; la date du dépôt fait aux greffes de la justice de paix et du tribunal de commerce. — *Si la société est en commandite simple ou par actions*, l'extrait devra en contenir l'énonciation avec l'indication du montant du ca pital social et du montant des valeurs fournies ou à fournir par les commanditaires ou actionnaires, ainsi que les noms des associés tenus sur tous leurs biens des engagements de la société. — Si la société est anonyme, on devra l'indiquer, ainsi que l'énonciation du montant du capital social et des valeurs fournies ou à fournir par les actionnaires. — *Si la société est à capital variable*, l'extrait devra le mentionner.

Sanction. — Les formalités du dépôt, de la publication de l'extrait, doivent être observées, à peine de *nullité* à l'égard des intéressés; l'inobservation de ces formalités ne peut être opposée aux tiers par les associés, mais un associé peut l'opposer à son coassocié. Elle peut être invoquée *pour l'avenir* par les associés vis-à-vis de leurs coassociés, sauf à régler les intérêts pour le passé, d'après les règles de la société. Quant aux créanciers particuliers des associés, sans doute ils peuvent opposer aux autres associés la nullité résultant du défaut de publication, du chef de l'associé dont ils sont créanciers, mais ils ne peuvent pas l'opposer aux créanciers de la société, lesquels, par conséquent, seront payés sur l'actif social avant que les créanciers particuliers des associés puissent élever aucune réclamation.

La nullité qui résulte de l'inobservation des formalités de publicité ayant été introduite non dans l'intérêt privé des parties, mais dans des vues d'intérêt général, est d'ordre public et ne peut être couverte.

Cette publicité est requise encore s'il s'agit de modifier les statuts, de continuer la société au delà du terme fixé pour sa durée, d'apporter des changements à la raison sociale, d'augmenter le capital social d'une société à capital variable, de dissolution avant le terme fixé pour la durée de la société, etc...

Dissolution des sociétés. — Les sociétés se dissolvent : 1° Par l'*arrivée du terme* convenu, sauf prorogation, qui doit être, en principe, acceptée par l'unanimité des associés ; 2° par l'*extinction de la chose*; 3° par la *mort naturelle* d'un associé, sauf stipulation contraire et continuation avec ses héritiers : 4° par l'*interdiction*, la *faillite* ou la *déconfiture* d'un associé, au moins pour les sociétés contractées *intuitu personæ*, ce qui exclut les sociétés par actions, les sociétés à capital variable; 5° par la *volonté* de l'un des associés, mais seulement si la société a été contractée pour une durée illimitée, et à la condition que la retraite ne soit pas inopportune et faite de mauvaise foi; 6° par la *dissolution prononcée en justice* pour inexécution des obligations et pour tout autre juste motif laissé à l'appréciation des tribunaux.

Liquidation des sociétés. — Malgré la dissolution de la société, la *personne morale* survit dans l'intérêt de la liquidation. De là : *a.* elle peut être mise en faillite; *b.* elle est valablement représentée en justice, au domicile du siège social, par les liquidateurs; *c.* l'être moral société demeure toujours propriétaire des biens sociaux.

La liquidation est faite habituellement par un liquidateur étranger à la société, lequel peut être désigné dans l'acte de société ou nommé, après la dissolution, par les associés, à la majorité. Il peut être choisi un ou plusieurs liquidateurs, associés ou non. Leur mandat est révocable s'il n'a pas été donné dans l'acte de société. Ils doivent faire inventaire, réaliser l'actif et payer les dettes de la société. Ils sont responsables pendant trente ans, à raison des faits de leur gestion.

Ils peuvent vendre les marchandises en détail ou en bloc, poursuivre les débiteurs, payer les créanciers, agir et défendre en justice, au nom de la société. Ils ne peuvent emprunter, si ce n'est pour sommes modiques et à bref délai; vendre les immeubles, transiger et compromettre, excepté pour les intérêts dont ils peuvent disposer.

Quant au *partage*, on applique, d'une manière générale, les règles du Code civil sur les successions, notamment en ce qui concerne le droit pour les créanciers des copartageants d'attaquer le partage fait en fraude de leurs droits; la garantie; le privilège des copartageants; la rescision pour lésion. Toutefois, on n'applique pas l'art. 826, qui permet à tout copartageant d'exiger le partage en nature; ni l'art. 841, qui permet aux associés, si l'un d'eux a vendu sa part, d'écarter l'acquéreur du partage en le rendant indemne.

Prescription. — Aux termes de l'art. 64, toutes actions contre les associés non liquidateurs et leurs veuves, héritiers ou ayants cause, sont prescrites par *cinq ans*. Cette prescription de cinq ans est étrangère à l'action exercée par les créanciers sociaux contre le liquidateur, comme continuateur de la société, personne morale : à l'action oblique exercée par le liquidateur, du chef des créanciers sociaux, contre les associés solidaires, pour obtenir ce qui lui manque, et contre les commanditaires et actionnaires, pour obtenir le complément de leurs mises; à l'action personnelle exercée par les créanciers sociaux contre le liquidateur, à raison de ses malversations ou de sa négligence, à l'effet de lui faire payer tout ce qu'ils n'auront pas pu obtenir des associés. Ces diverses actions se prescrivent par le laps ordinaire de trente ans. — Ce qui est prescrit par le délai de cinq ans, c'est l'*action directe des créanciers sociaux contre les associés*, à savoir : une action solidaire contre les associés en nom, et une action en complément de mise contre les commanditaires et actionnaires. Le point de départ de cette prescription est la dissolution de la société. Mais si la dissolution devait être publiée, la prescription ne courra qu'à partir de cette publication, sauf interruption de la prescription au profit d'un créancier mineur ou interdit.

La prescription de cinq ans peut aussi, selon nous, être opposée aux créanciers sociaux par les *actionnaires* ou *commanditaires*; les commanditaires ou actionnaires sont des associés, et l'art. 64 ne fait aucune distinction entre les différentes espèces de sociétés; elle peut, de même, être invoquée par les associés, lorsque le liquidateur a partagé entre eux le fonds social.

La loi n'appliquant la prescription de cinq ans qu'à l'associé non liquidateur, la question est controversée de savoir si l'*associé liquidateur* sera libéré de ses obligations comme associé, tandis qu'il restera tenu, comme un liquidateur étranger, de ses obligations de liquidateur. On décide généralement qu'il ne faut pas distinguer entre la qualité d'associé et celle de liquidateur, attendu que la prescription de cinq ans ne peut avoir aucun effet au profit de l'associé liquidateur.

Abrogation de l'arbitrage forcé. — Sous l'empire du Code de commerce, les contestations entre associés, à raison d'intérêts sociaux, étaient jugées par des arbitres (*arbitrage forcé*). — Depuis la loi du 17 juillet 1856, elles sont déférées aux tribunaux de commerce. La *clause compromissoire*, par laquelle les associés s'engageraient à soumettre à des arbitres, qu'ils nommeraient plus tard, le jugement des contestations qui pourraient naître, à l'occasion de la société, est nulle.

DES BOURSES DE COMMERCE

Le mot *Bourse* désigne : soit la réunion des commerçants sous l'autorité du gouvernement; soit le local dans lequel cette réunion a lieu; soit l'ensemble des opérations faites. C'est ainsi que l'on dit : la Bourse a monté; telle chose se fait d'une Bourse à l'autre.

Les Bourses sont régies par les lois et arrêtés des 28 ventôse an IX, 29 germinal an IX, 27 prairial an X, et par le Code de commerce. Le droit d'établir, de supprimer et de surveiller les Bourses, appartient au gouvernement. Les *faillis non réhabilités*, les *femmes même commerçantes* et les *mineurs non commerçants* ne peuvent y entrer. Un lieu réservé exclusivement aux agents de change et entouré d'une grille s'appelle *parquet*. Les Bourses sont desservies par les agents de change et les courtiers. C'est là que se font les négociations concernant le commerce intérieur et extérieur, continental ou maritime, la vente des marchandises, les transports par terre ou par eau, la location des navires ou autres bâtiments de mer (le prix de cette location s'appelle *fret* dans l'Océan et *nolis* dans la Méditerranée).

Le prix moyennant lequel les marchandises se sont vendues, les effets de commerce ont été négociés, et le taux auquel les effets publics ont été négociés, constitue le *cours de la Bourse*. Il est annoncé, pour les effets publics et particuliers, au fur et à mesure de chaque négociation, par un *crieur ;* constaté, après la Bourse, par les syndics des agents de change, et coté sur les bulletins des cours. La loi du 18 juillet 1866, en proclamant la liberté du courtage des marchandises, a décidé que, dans chaque ville où il existe une Bourse de commerce, il serait organisé un service de la constatation du cours des marchandises, dans la forme prescrite par un règlement d'administration publique, rendu le 22 décembre 1866.

Effets publics. — Les effets publics sont des valeurs qui se négocient à la Bourse. Ils consistent dans certaines créances contre l'Etat : telles sont les *rentes sur l'Etat*. Comme les rentes sur particuliers, le capital n'en est jamais exigible : le crédi-rentier n'a droit qu'à des arrérages; mais l'Etat a la faculté de rembourser le capital. De là : *a.* la *dette flottante*, qui est exigible soit actuellement, soit à terme plus ou moins court; elle est représentée, notamment, par les *bons du Trésor*; *b.* la *dette consolidée*, qui a cessé d'être exigible, parce qu'elle est convertie en rentes. Ces rentes sont constatées sur un registre qu'on appelle le *grand-livre*, créé par la Convention en 1793. Les intérêts ou arrérages produits par ces rentes varient de 3 à 5 0/0.

La négociation des rentes sur l'Etat se fait à la Bourse par le ministère des agents de change. Le transfert s'opère par la déclaration sur un registre, signé du propriétaire de la vente, en présence d'un agent de change, qui certifie l'identité du propriétaire de l'inscription, laquelle est rayée en même temps qu'une autre inscription de la même somme est faite au profit du cessionnaire.

Effets semi-publics. — Ce sont les valeurs émises avec l'autorisation de l'Etat par des villes, par des départements : obligations de la ville de Paris, actions de la Banque de France admises à la cote par le syndicat des agents de change; elles ont un certain caractère officiel.

Opérations de bourse. — On distingue les opérations au comptant et les opérations à terme.

Opérations au comptant. — Ce sont celles dans lesquelles aucun terme n'est stipulé : la livraison du titre et le payement du prix doivent être effectués immédiatement. Ces opérations ont habituellement pour cause un placement définitif : on dit que la valeur est *classée*.

Opérations a terme. — Ce sont celles dans lesquelles l'acheteur stipule qu'il ne prendra livraison et ne payera le prix qu'à la fin du mois courant ou à la fin du mois prochain. Le terme ne peut pas excéder deux mois; et même dans cette limite il est nécessairement placé à la fin du mois courant ou du mois prochain (*fin courant* ou *fin prochain*). Pour quelques valeurs seulement il y a une liquidation de quinzaine, qui a lieu le 16 du mois. Pour faciliter la liquidation, on n'admet que certaines quantités de valeurs, ou des sommes multiples de ces valeurs : 15,000 francs de rente 3 0/0; 2,000 francs de 4 0/0; 2,250 francs de 4 1/2 0/0; 2,500 francs de 5 0/0; 25 actions des compagnies. Enfin l'on n'admet à la cote que certaines valeurs de spéculation, dont les cours sont soumis à des fluctuations fréquentes. Ainsi on n'y admet pas les obligations, dont les cours ne peuvent guère varier. — Si le terme est plus cher que le comptant, on dit qu'il y a *report*; s'ils sont tous deux au même prix, on dit que le report est *au pair*; si le terme est au-dessous du comptant, on dit qu'il y a *déport*.

Parmi les marchés à terme, on distingue : le *marché ferme*, dans lequel aucune des parties ne s'est réservé la faculté de renoncer à l'opération; le *marché à prime* ou *marché libre*, dans lequel l'acheteur stipule qu'en abandonnant une partie du prix payé au moment de la convention, et qu'on appelle *prime*, il pourra renoncer au marché. Au dernier jour du mois, a lieu la *réponse des primes*; l'acheteur déclare, par l'intermédiaire de son agent de change, s'il lève les titres, c.-à-d., s'il demande l'exécution du contrat; ou s'il abandonne la prime, c.-à-d., s'il en demande la résolution.

Les marchés à terme sont-ils valables ? Controv. S'il n'y a que pari, c.-à-d., si l'on n'a eu en vue que les différences, les titres ne devant être ni livrés, ni payés réellement, ils sont nuls et l'on ne peut en demander l'exécution. Toutefois, ce qui aurait été payé ne peut être répété. Or, il y a payement toutes les fois que le client a remis à son agent de change, même à titre de couverture, une somme d'argent ou une autre valeur dont il lui a transféré la propriété.

Agents de change et courtiers. — Ce sont des agents intermédiaires, les médiateurs des négociations entre les parties. Depuis la loi du 18 juillet 1866, qui a décrété la liberté du courtage des marchandises, les courtiers ne sont plus, comme des agents de change, des officiers publics. Les agents de change et les courtiers (autres que courtiers de marchandises dont la loi de 1866 a aboli le privilège) sont nommés par le gouvernement.

Pour être agent de change, il faut : être Français, et avoir vingt-cinq ans accomplis; produire un certificat d'aptitude et d'honorabilité signé par les chefs de plusieurs maisons de banque et de commerce; être agréé par la chambre syndicale de la compagnie des agents de change, et avoir l'approbation du ministre des finances relativement au traité passé avec celui qui se démet de ses fonctions; n'être pas failli; verser un cautionnement; se pourvoir d'une patente et prêter serment.

Pour être courtier, il faut remplir à peu près les mêmes formalités que pour être agent de change et subir un examen devant la chambre syndicale des courtiers. Quant au courtage des marchandises, nous savons que la loi de 1866 l'a rendu libre. Toutefois, il peut être dressé par le tribunal de commerce une liste de courtiers de marchandises de la localité, qui ont demandé à y être inscrits.

Pour cela, le candidat doit justifier : de sa moralité, par un certificat délivré par le maire; de sa capacité professionnelle, par l'attestation de cinq commerçants de la place, appelés à élire le tribunal de commerce; par l'acquittement d'un droit d'inscription une fois payé au Trésor; et prêter serment devant le tribunal de commerce de remplir avec honneur et probité les devoirs de sa profession.

Attributions des agents de change. — 1° *Ils sont intermédiaires pour la négociation des effets publics* et autres susceptibles d'être cotés. Ils ont le monopole; et à Paris ils ne s'occupent que de cela. 2° *Ils font la négociation, pour le compte d'autrui, des lettres de change ou billets*, et de tous papiers commerçables; 3° *Ils constatent les cours des effets publics et autres susceptibles d'être cotés*, ainsi que le cours du change et des matières métalliques. Un *Bulletin officiel des cours* est rédigé quotidiennement, après la clôture de la Bourse, par la compagnie des agents de change, sous la présidence du syndic; 4° *Ils certifient la signature des parties, en cas de transfert de rentes*; 5° *Ils certifient les comptes de retour des lettres de change*, espèce de bordereau comprenant le principal de la lettre de change protestée faute de payement, les frais de protêt et autres frais légitimes, tels que commission de banque, courtage, timbre et ports de lettres.

Aux termes de la loi du 2 juillet 1862, les agents de change près des Bourses pourvues d'un *parquet* peuvent s'adjoindre des bailleurs de fonds intéressés, pourvu qu'il y ait un titulaire unique, personnellement responsable, propriétaire d'un quart au moins du capital; que les autres associés soient seulement commanditaires, c'est-à-dire ne s'immiscent pas dans la gestion; et que cette société soit publiée dans les formes prescrites par la loi du 24 juillet 1867; cela sous peine de nullité.

Obligations professionnelles des agents de change. — Ils doivent : 1° *Tenir un livre-journal*, où ils inscrivent les opérations faites pour leurs clients. Ils ont, en outre, un *carnet*, sur lequel ils inscrivent les opérations au fur et à mesure qu'ils les font. 2° *S'abstenir*, sous peine d'amende, de destitution et de poursuite en banqueroute, s'ils tombent en faillite, *de faire le commerce pour leur compte*. Toutefois, les opérations par eux faites ne sont pas nulles. 3° *S'abstenir de payer et de recevoir pour leurs clients, de se rendre garants de l'exécution des marchés.* 4° *Garder le secret des opérations qu'ils font pour leurs clients*, c'est-à-dire contracter entre eux pour leurs clients sans les nommer. A cet effet, ils se font remettre, au préalable, une *couverture*, consistant dans les titres qu'il s'agit de vendre ou la somme nécessaire pour payer les titres à acheter; et en cas de marché à terme, dans une somme suffisante pour payer les différences probables.

L'agent de change faisant habituellement des actes de courtage, déclarés commerciaux par la loi, est commerçant.

Attributions des courtiers. — Leurs attributions varient suivant les différentes sortes de courtage. On distingue, en effet, les courtiers de marchandises, les courtiers d'assurances, les courtiers interprètes et conducteurs de navires, les courtiers de transport par terre et par eau, et enfin les courtiers-gourmets-piqueurs de vins.

Courtiers de marchandises. — Les courtiers *inscrits* ou *non inscrits* font les négociations et le courtage des achats et ventes de marchandises et le courtage des matières métalliques (or et argent). Cette dernière attribution leur est commune avec les agents de change. Les *courtiers inscrits* sont : 1° Chargés de la *constatation du cours* des marchandises; 2° à défaut d'experts désignés d'accord entre les parties, ils peuvent être requis pour *l'estimation des marchandises* déposées dans les magasins généraux; 3° ils procèdent seuls aux *ventes publiques de marchandises* aux enchères et en gros, dans les cas où elles doivent être faites par un courtier; 4° ils procèdent à la *vente aux enchères et en gros de marchandises* de toute espèce et de toute provenance, après décès ou cessation de commerce, et dans tous les cas de nécessité dont l'appréciation est soumise au tribunal de commerce. Les ventes des marchandises non neuves, faites par un particulier non marchand, étant réservées aux commissaires-priseurs, notaires, huissiers ou greffiers, les courtiers ne peuvent faire que les *ventes volontaires de marchandises neuves*; et encore *au détail*, la vente publique des marchandises neuves étant défendue, en principe, pour ne pas nuire au commerce de détail; 5° ils procèdent à toutes les *ventes autorisées ou ordonnées par la justice consulaire*, dans les divers cas prévus par le Code de commerce (vente du gage, à défaut de payement à l'échéance).

Courtiers d'assurance. — 1° Ils s'entremettent pour les *contrats ou polices d'assurances* concurremment avec les notaires; 2° ils constatent le *taux des assurances*. Ces dispositions ne sont applicables qu'aux assurances maritimes. Le courtage des assurances terrestres est complètement libre.

Courtiers interprètes et conducteurs de navires. — 1° Ils font le *courtage d'affrétement ou nantissement* : ils négocient les conventions relatives aux locations de navires; 2° ils *constatent officiellement les cours d'affrétement*, ou les prix moyens des transports; 3° ils *servent d'interprètes* aux capitaines de navires, gens de mer et autres étrangers qui ne parlent pas la langue française : 4° ils *traduisent* les déclarations, chartes-parties ou actes constatant la convention du louage d'un navire et tous actes de commerce produits en justice. — Pour l'exercice de ces différentes fonctions ils ont un monopole.

Courtiers de transports. — 1° Ils *négocient les entreprises et conventions de transports* par terre et par eau, sur les rivières ou canaux; 2° ils *certifient le cours des transports*. Ces fonctions, qui constituaient un monopole et ne pouvaient être cumulées avec aucune espèce de courtage, n'existent plus en fait; les courtiers de transports ont été remplacés par les commissionnaires.

Courtiers-gourmets-piqueurs de vins. — 1° Ils sont chargés de faire les *ventes de vins* et de les *goûter* et apprécier toutes les fois que cette appréciation est demandée par un service public; 2° ils *servent d'intermédiaires*, dans l'entrepôt, entre les vendeurs et les acheteurs de boissons; 3° ils *servent d'experts*, en cas de contestations sur la qualité des vins, et de plaintes, d'altérations ou de falsifications contre les voituriers ou bateliers.

Les courtiers doivent, comme les agents de change : 1° Consigner leurs opérations sur un *carnet*, au moment où elles s'effectuent et les inscrire dans le jour sur un *livre-journal*; 2° ils ne peuvent se livrer à des opérations de commerce ou de banque pour leur compte, ni se faire les banquiers de leurs clients, ni se rendre garants des marchés dans lesquels ils s'entremettent, sous peine de destitution, d'amende et de dommages-intérêts; 3° le courtier (autre que le courtier de marchandises) qui fait faillite est poursuivi comme banqueroutier et puni des travaux forcés.

Les courtiers de marchandises, quoique leur profession ait été déclarée libre par la loi du 18 juillet 1866, chargés de procéder à une vente publique, ou requis pour l'estimation de marchandises déposées dans un magasin général ne peuvent se rendre *acquéreurs* pour leur propre compte des marchandises dont la vente ou l'estimation leur a été confiée, sous peine d'être rayés, par le tribunal de commerce, de la liste des courtiers inscrits; et de dommages-intérêts envers les parties. En outre, le courtier inscrit ou non inscrit, chargé d'une opération de courtage pour une affaire où il a un intérêt personnel, doit prévenir les parties auxquelles il sert d'intermédiaire, sous peine d'une amende de 500 à 3,000 francs et de dommages-intérêts envers les parties. Enfin les courtiers de marchandises sont soumis à la patente.

DU GAGE

Le gage est un contrat par lequel un débiteur remet une chose mobilière à son créancier pour sûreté de sa dette. Il confère au créancier : 1° Un *droit de rétention*, droit de retenir la chose jusqu'à parfait payement; 2° un *privilège*, droit de faire vendre la chose pour se faire payer sur le prix, par préférence aux créanciers de son débiteur. Le gage commercial (il a cette qualité quand la convention principale constitue un acte de commerce, qu'il émane ou non d'un commerçant, que le gage soit fourni ou non par un commerçant ou en valeurs commerciales), le gage commercial est régi par la loi du 23 mai 1863, incorporée dans les art. 91 et 93 du C. de com.

Constitution du gage. — Il faut :

A. Une *convention*, qui se constate, à l'égard des tiers comme à l'égard des parties contractantes, non seulement par acte public ou privé, mais encore par la correspondance, les livres et la preuve testimoniale, c.-à-d. par les preuves de l'art. 109 du C. de c. — Lorsque c'est une *créance* à forme civile qui est donnée en gage, il faut, comme en droit civil, la signification au débiteur cédé, exigée pour la cession de la créance. — Exceptions : 1° A l'égard des *valeurs à ordre*, le gage est constitué par un endossement de garantie ou pignoratif; 2° à l'égard des *titres nominatifs*, il est constitué par un transfert à titre de garantie sur les registres de la société (*transfert de garantie*). Si les statuts de la compagnie n'admettent pas le mode de transfert à titre de garantie, le titre est transféré au nom du prêteur afin qu'il puisse le faire vendre à l'échéance en cas de non payement; ledit prêteur reconnaissant d'ailleurs que, nonobstant le transfert à son nom, il n'a cependant sur le titre d'autre droit que celui de créancier gagiste ; 3° à l'égard des *titres au porteur*, la mise en gage se prouvera par tous les modes commerciaux, et le créancier devra être mis en possession.

B. La *mise en possession du créancier*. Il faut que le gage ait été mis et soit resté en la possession du créancier ou d'un tiers convenu entre les parties; peu importe que la marchandise soit dans les magasins du créancier, dans ses navires, en douane ou dans un dépôt public; ou que, avant qu'elle soit arrivée, il en soit saisi par une lettre de voiture ou un connaissement. Dans tous ces cas, elle est réputée être à sa disposition. Si c'est une *créance* qui a été engagée ou un *titre au porteur*, il faut que le titre soit remis au créancier.

Droits du créancier gagiste. — *Avant l'échéance*, il peut faire tous les actes conservatoires de son droit. Spécialement s'il s'agit d'un *effet de commerce* (lettre de change ou billet à ordre), il peut le recouvrer à l'échéance, si elle arrive avant l'exigibilité de la dette; mais il ne pourrait pas le négocier par endossement avant l'échéance ni sans formalités après l'échéance. De même, celui à qui on a remis en nantissement des *titres au porteur* n'a pas le droit d'en disposer. Si la créance donnée en gage porte intérêt, le créancier impute ces intérêts sur ceux qui peuvent lui être dus; à défaut, l'imputation se ferait sur le capital de la dette.

A l'échéance. — A défaut de payement à l'échéance, le créancier peut, huit jours après une simple signification faite au débiteur et au tiers bailleur de gage, s'il y en a un, faire procéder à la vente publique des objets donnés en gage. Le législateur de 1863 a voulu, par cette exécution rapide du gage, favoriser le développement du crédit commercial, en donnant au prêteur le moyen de recouvrer sa créance facilement et à peu de frais.

Si le gage est constitué en effets publics ou autres valeurs cotées, la vente a lieu à la Bourse par le ministère d'un agent de change. Les autres ventes sont faites par le ministère des courtiers. Toutefois, sur la requête des parties, le président du tribunal de commerce peut désigner, pour y procéder, d'autres personnes. Dans ce cas, l'officier public, quel qu'il soit, chargé de la vente, est soumis aux dispositions qui régissent les courtiers, relativement aux formes, aux tarifs et à la responsabilité.

Nullité du pacte commissoire. — Les parties ne peuvent pas convenir que le créancier sera autorisé à s'approprier le gage ou à en disposer sans les formalités prescrites. Cette clause, prohibée dans l'acte constitutif de gage, parce qu'alors le débiteur est à la merci du créancier et se fait d'ailleurs illusion sur la facilité qu'il aura de payer, pourrait, après l'échéance, être déclaré valable. De même, on pourrait, selon nous, stipuler que l'objet appartiendra au créancier à l'échéance, moyennant un prix fixé alors par experts; et les juges pourraient, en l'absence de toute stipulation, ordonner cette mesure.

Droits du débiteur. — Il peut à tout instant reprendre l'objet donné en gage, en désintéressant le créancier.

La *Banque de France*, le *Crédit foncier*, les *Comptoirs* et *sous-comptoirs d'escompte*, les *Monts-de-piété*, sont privilégiés au point de vue du droit de gage.

DES NÉGOCIATIONS CONCERNANT LES MARCHANDISES DÉPOSÉES DANS LES MAGASINS GÉNÉRAUX.

Les *Magasins généraux* ou *docks* sont de vastes établissements destinées à recevoir en dépôt les marchandises des particuliers pour leur permettre de les vendre, de les engager ou de les faire circuler sans aucun frais de déplacement.

Les magasins généraux sont ouverts en vertu de l'autorisation donnée par arrêté du préfet, après avis de la chambre de commerce. Ils reçoivent les matières premières, les marchandises et les objets fabriqués que les négociants et les industriels veulent y déposer. Inaugurés en 1848 ils ont été réglementés par la loi du 28 mai 1858 et celle du 31 août 1870.

Fonctionnement. — Le déposant reçoit deux titres transmissibles par voie d'endossement : le *récépissé*, qui sert à transférer la propriété des marchandises vendues; et le *warrant* ou bulletin de gage, qui sert à les donner en gage. — La transmission du récépissé accompagné du warrant donne au cessionnaire la propriété des marchandises déposées. — La transmission du warrant seul met le créancier gagiste en possession du gage. — La transmission du récépissé seul transmet au cessionnaire le droit de disposer de la marchandise, à charge par lui le payer la créance garantie par le warant ou d'en laisser payer le montant sur le prix de la marchandise.

Énonciations du récépissé et du warrant. — Le récépissé énonce les noms, profession et domicile du déposant, la nature de la marchandise, et toutes les indications propres à en établir l'identité et à en déterminer la valeur. — Le warrant contient les mêmes mentions que le récépissé. Ils sont rédigés sur une seule feuille, détachée elle-même d'un registre à souche et facilement séparables. Sur la souche qui reste entre les mains du magasin sont reproduites les principales mentions des deux bulletins, et une place est réservée pour la transcription des endossements du warant.

Conditions de l'endossement. — Le récépissé et le warrant peuvent être transférés par voie d'endossement, ensemble ou séparément. 1° L'endossement du récépissé et du warrant, transférés ensemble ou séparément, doit être *daté,* afin de permettre d'apprécier la capacité des parties.

2° L'endossement du warrant séparé du récépissé doit énoncer le montant intégral, en capital et intérêts, de la créance garantie; mais il n'est pas nécessaire qu'il mentionne l'espèce de la valeur fournie. 3° Il doit indiquer la date de l'échéance, afin de savoir à quel moment le porteur du warrant pourra exiger le remboursement des sommes prêtées par lui, et, en cas de non payement, exercer des poursuites. 4° Il doit indiquer le nom de la personne à l'ordre de laquelle l'effet est passé. La pratique exige cette mention pour l'endossement simultané du récépissé et du warrant et pour l'endossement du récépissé seul. 5° Le premier cessionnaire du warrant doit faire transcrire l'endossement sur les registres du magasin avec les énonciations dont il est accompagné. Il est fait mention de cette transcription sur le warrant. L'endossement non transcrit n'est pas opposable aux tiers; par ex., le créancier du premier propriétaire des marchandises qui les aurait frappées de saisie-arrêt avant la transcription du premier endossemet serait préféré au porteur du warrant.

Droits du porteur du récépissé. — Le porteur du récépissé, si le warrant n'en est pas détaché, a un droit de disposition absolue sur les marchandises : il peut les transmettre en endossant lui-même les deux titres réunis ou les donner en gage en endossant le warrant tout seul. — Si le warrant est détaché du récépissé, le porteur du récépissé ne peut disposer des marchandises qu'à la charge de les dégrever par le payement de la somme portée au warrant.

Le porteur du récépissé séparé du warrant peut avoir intérêt à la retirer du magasin, sans attendre l'échéance de la dette dont elle est grevée. Il a la faculté de payer la créance garantie par le warrant. — Si le porteur du warrant c.-à-d. le créancier gagiste est connu, il ne pourra que discuter l'escompte qu'on lui demandera, par suite d'anticipation du payement. — S'il n'est pas connu, ou si, étant connu, les parties n'ont pas pu se mettre d'accord, le porteur du récépissé consignera la somme entre les mains de l'administration du magasin général. Cette consignation libèrera la marchandise.

Droits du porteur du warrant. — S'il n'est pas payé à l'échéance il peut, puisqu'il a les droits d'un créancier gagiste, huit jours après le protêt, et sans aucune formalité de justice, faire procéder à la vente publique aux enchères et en gros de la marchandise engagée, dans les formes et par les officiers publics indiqués dans la loi du 28 mai 1858. — Le débiteur qui a remboursé le warrant peut aussi faire vendre la marchandise contre le porteur du récépissé, huit jours après l'échéance et sans mise en demeure.

Le créancier est payé sur le prix, par privilège à tous créanciers, déduction faite toutefois : 1° Des contributions indirectes, des taxes d'octroi et des droits de douane dus par sa marchandise; 2° des frais de vente, de magasinage et autres frais faits pour la conservation de la chose.

L'excédant de la somme provenant de la vente de la marchandise est payé au porteur du récépissé, s'il est connu. S'il ne se présente pas lors de la vente, cet excédant est consigné à l'administration du magasin général qui en demeure responsable.

Le porteur du warrant n'a de recours contre l'emprunteur et les endosseurs qu'après avoir exercé ses droits contre la marchandise, et en cas d'insuffisance. Les délais pour l'exercice du recours contre les endosseurs ne courent, d'ailleurs, que du jour où la vente de la marchandise est réalisée. Le porteur du warrant perd, en tout cas, son recours contre les endosseurs, s'il n'a pas fait procéder à la vente dans le mois qui suit la date du protêt.

Dispositions diverses. — 1° Les porteurs de warrants et de récépissés ont, sur les indemnités d'assurances dues en cas de sinistres, les mêmes droits et privilèges que sur la marchandise assurée.

2° Celui qui a perdu un récépissé ou un warrant peut demander et obtenir, par ordonnance du juge, en justifiant de sa propriété et en donnant caution, un duplicata, s'il s'agit du récépissé; le payement de la créance garantie, s'il s'agit du warrant.

3° Les récépissés et les warrants sont soumis aux droits de timbre et d'enregistrement.

4° Les établissements de crédit peuvent recevoir les warrants comme effets de commerce, comme billets à ordre, avec dispense des signatures exigées par les statuts. Les comptoirs d'escompte peuvent les recevoir avec une seule signature; la Banque de France avec deux signatures.

5° Les exploitants des magasins généraux peuvent faire des prêts sur nantissement et des négociations de warrants (Loi du 31 août 1870).

DES COMMISSIONNAIRES EN GÉNÉRAL

La commission est le mandat de faire un acte de commerce. C'est un contrat par lequel un commettant charge un commissionnaire de faire un ou plusieurs actes déterminés, en agissant soit au nom du commettant, soit en son propre nom. A la différence du mandataire, qui ne reçoit pas de salaire, n'a pas de privilège, agit au nom du mandant et fait des actes civils, le commissionnaire a droit à un *salaire*, sauf stipulation contraire, a un *privilège*, agit soit au nom du commettant, soit *en son propre nom*, et fait des *actes de commerce*.

Le commissionnaire diffère du *préposé*, en ce que le mandat de celui-ci est général pour les opérations du commerce dont la gestion lui est donnée. — Il diffère du *courtier de marchandises*, en ce que celui-ci s'entremet seulement entre les parties, les met en rapport, mais ne contracte pas lui-même ni en son propre nom ni au nom d'autrui. — Enfin la commission diffère du *louage de services*, en ce que celui-ci a pour objet un ouvrage, une opération matérielle; tandis que la commission est un contrat intermédiaire entre d'autres contrats.

Le salaire n'est pas de l'essence de la commission et il n'est pas nécessaire que le commettant soit un commerçant. La commission peut être donnée à un non commerçant.

Effets du contrat de commission. — Si le commissionnaire agit *au nom du commettant*, les effets produits sont ceux du mandat du droit civil, sauf que le commissionnaire a un *privilège* et a droit à un *salaire*.

Si le commissionnaire agit *en son propre nom* (c'est le cas le plus fréquent) il est créancier et débiteur des tiers avec lesquels il a contracté. D'autre part, il doit compte au commettant de tout ce qu'il a retiré du contrat et peut lui réclamer tout ce qu'il a déboursé; les droits et créances sont acquis *ab initio* au commettant.

Obligations du commissionnaire envers le commettant. — Il doit : 1° *Exécuter ponctuellement la commission* qu'il a acceptée: sinon il est responsable vis-à-vis du commettant; 2° *continuer sa gestion* jusqu'à l'accomplissement de l'opération qui lui a été confiée, cela, à peine de dommages-intérêts; 3° *se conformer strictement aux ordres du commettant*; 4° *communiquer au commettant les renseignements* utiles qui peuvent lui parvenir, avant l'exécution de la commission, relatifs à l'exécution de la commission; 5° *répondre de ses fautes*, d'une manière rigoureuse, puisqu'il est salarié; 6° *garder le secret* des opérations qu'il fait pour le commettant; mais à l'inverse, il peut garder, à l'encontre du commettant, le secret du nom de ses clients, pour empêcher que celui-ci ne s'adresse directement à eux; 7° rendre compte de sa gestion.

Les commissionnaires chargés d'une même affaire ne sont pas, selon nous, tenus solidairement envers le commettant.

Obligations du commettant envers le commissionnaire. — Il doit : 1° *Payer au commissionnaire son salaire*, lequel est dû de plein droit. Ce salaire ou *droit de commission*, fixé par les parties, et, à défaut, d'après l'usage du lieu où le contrat a été exécuté, est simple ou double. Il est *simple* lorsqu'il est simplement la récompense du travail et d'une exécution fidèle de la commission. — Il est *double* ou *du croire* (*del credere*, avoir confiance) lorsque, moyennant une *prime* ajoutée au droit de commission simple, le commissionnaire se chargeant des risques de l'insolvabilité des personnes avec lesquelles il traitera promet que le promettant sera exactement payé. Cette convention *del credere* ou *du croire* diffère du *cautionnement* en ce que, n'étant pas une convention accessoire, elle peut renfermer des conditions distinctes de celles qui existent dans le contrat intervenu avec le tiers débiteur, dont la solvabilité est garantie. C'est un *contrat d'assurance* dans lequel le commettant joue le rôle d'assureur de la créance à recouvrer contre le tiers débiteur. — 2° *Rembourser au commissionnaire ses avances et frais et l'indemniser de ses pertes.* C'est dans l'intérêt du commettant que le mandat s'exécute; c'est lui qui doit en supporter les dépenses. Il est tenu de les rembourser, quand même la commission n'aurait pas été exécutée par suite d'un cas fortuit.

Privilège du commissionnaire. — Ce privilège, fondé sur un *gage tacite*, frappe les marchandises, *consignées, déposées* et *expédiées*. Dans ce dernier cas, il faut qu'il soit nanti par la possession de la lettre de voiture ou du connaissement. La loi du 23 mai 1863 a supprimé la nécessité que les marchandises eussent été expédiées d'un lieu sur un autre. Il garantit les prêts, avances ou payements, intérêts, frais et commissions dus par le commissionnaire au commettant; peu importe que les avances ou frais aient été faits avant la réception des marchandises; le commissionnaire compte, pour son remboursement, non seulement sur les marchandises qu'il a actuellement, mais aussi sur celles qui lui seront expédiées par la suite.

Le commissionnaire exerce son privilège sur la *valeur* des marchandises expédiées, déposées et consignées. Si les marchandises ont été vendues et livrées pour le compte du commettant, le commissionnaire se rembourse, sur le produit de la vente, du montant de sa créance, par préférence aux créanciers du commettant. Si les marchandises lui ont été simplement déposées sans mandat de vendre, il peut néanmoins, comme tout créancier gagiste, les faire vendre pour se payer sur le prix, huit jours après une sommation, par vente publique faite par un officier public. Toutefois, s'il risque de perdre son gage, par ex., par une dépréciation imminente des marchandises, il peut se faire autoriser par le président du tribunal, sur simple requête, à vendre au prix courant.

Droits du commissionnaire acheteur. — Il a : 1° Une *action personnelle* contre son commettant pour se faire rembourser, s'il achète en son propre nom des marchandises pour le compte de son commettant; 2° un *droit de rétention*, s'il est en possession des marchandises achetées, droit opposable aux tiers, et, dans l'espèce, aux créanciers du commettant; 3° un *droit de revendication*, soit comme vendeur vis-à-vis du commettant, soit comme subrogé par le payement du prix aux droits du tiers vendeur. Ce droit de revendication, toutefois, est contesté par beaucoup d'auteurs. Il n'a pas le privilége accordé au commissionnaire vendeur.

S'il a acheté *au-dessus du prix fixé*, on décide qu'il ne peut pas forcer le commettant à prendre la marchandise au prix fixé, autrement il aurait le commettant à sa merci.

Cessation du contrat de commission. — Il prend fin : 1° *Par la volonté du commettant.* Le commettant peut toujours révoquer les pouvoirs qu'il avait donnés au commissionnaire. — Si la révocation a eu lieu *avant* l'exécution commencée, le mandat est anéanti, comme s'il n'avait jamais existé. — Si elle a eu lieu *après* l'exécution commencée. le mandat est dissous, mais en laissant subsister entre les parties les obligations qui sont nées du contrat. — 2° *Par la renonciation du commissionnaire.* Il peut renoncer au mandat : *a.* lorsque la renonciation a une *juste cause*, par ex., en cas d'inexécution des obligations du commettant; *b.* lorsqu'elle a eu lieu *en temps opportun*, c.-à-d., sans dommage pour le commettant, qui pourra réaliser l'opération par lui-même ou par un autre. — 3° *Par la mort, l'interdiction, la faillite ou la déconfiture du commettant ou du commissionnaire.* C'est un contrat fait *intuitu personæ*, et qui implique, de la part des parties, la capacité de contracter. — 4° *Par la consommation de la négociation.* Le but poursuivi par les parties étant atteint, le contrat n'a plus de raison d'être.

DU CONTRAT DE TRANSPORT. — Le contrat de transport est celui par lequel un voiturier recevant une chose d'un expéditeur s'oblige à la faire voyager et à la remettre à un destinataire. — Ce contrat suppose le concours : 1° D'un *expéditeur*, qui envoie des marchandises ou autres objets; 2° d'un *destinataire*, à qui ces objets sont adressés et doivent être remis; 3° d'un *voiturier* (il prend le nom de *batelier*, quand le transport a lieu en eau douce, et de capitaine, quand il a lieu par mer), qui est chargé d'effectuer le transport.

Le contrat de transport est un contrat *commercial* par excellence : il se forme dans un lieu et s'exécute dans un autre; *réel*, il implique la remise de objets : *synallagmatique*; *à titre onéreux* et *du droit des gens*. Il se prouve habituellement par la *lettre de voiture*.

De la lettre de voiture. — C'est un acte en forme de lettre, contenant l'avis donné à une personne de l'envoi qui lui est fait. Elle contient : 1° La *date* : elle fait courir le délai du transport, lequel délai doit être franc. 2° La *nature des objets à transporter* : elle prévient les erreurs. 3° Le *poids ou la contenance.* 4° Le *prix de la voiture*, c.-à-d. du transport. 5° Le *délai du transport.* En cas de retard, on fait subir au voiturier une retenue, qui est habituellement du *tiers* du prix de la voiture. 6° L'*indemnité due en cas de retard.* Cette précaution évite les procès. 7° Les noms de *l'expéditeur* ou du *commissionnaire* par l'entremise duquel le transport s'opère, s'il y en a un; le nom du *destinataire* et le nom du *voiturier*. 8° Le *domicile* du commissionnaire, ceux du voiturier et du destinataire. 9° La *signature* de l'expéditeur et du commissionnaire. La loi n'exige pas la signature du voiturier, qui souvent ne sait pas signer.

La lettre de voiture n'étant pas un contrat solennel fait preuve, quoique incomplète, des mentions qu'elle contient. Elle n'est pas nécessairement faite en plusieurs *doubles*, cette formalité n'étant pas exigée pour la preuve des actes commerciaux. Elle peut être *à ordre*, c.-à-d. cessible par la voie de l'endossement; ou *au porteur*, c.-à-d. transmissible par la simple tradition. Elle est soumise au *timbre de dimension*, excepté dans le cas où un propriétaire fait conduire le produit de ses récoltes par ses voitures et ses propres domestiques ou fermiers.

La lettre de voiture est remise par l'expéditeur ou le commissionnaire au voiturier. Elle forme un contrat entre l'expéditeur d'une part, et le commissionnaire et le voiturier d'autre part. En pratique, on la remplace souvent par un *récépissé* remis par le voiturier à l'expéditeur, et qui ne diffère de la lettre de voiture que par la formule employée.

Obligations du commissionnaire de transport. — Il doit : 1° Inscrire sur son livre-journal la déclaration de la nature, de la quantité des marchandises et de leur valeur, cela, pour faciliter la restitution des marchandises et l'indemnité en cas de perte. 2° *Tenir un registre spécial*, coté et paraphé, sur lequel il doit copier les lettres de voiture, sans intervalle et de suite. 3° Il est garant de la *perte totale* ou *partielle*; des *avaries* apparentes ou non apparentes; et du *retard*. Dans ce dernier cas, l'indemnité n'est due, selon nous, qu'à la condition de prouver le préjudice; le simple retard ne suffit pas. — En cas d'avarie ou de retard, on admet que le destinataire pourrait *laisser pour compte* la marchandise si elle est désormais inutile au destinataire. 4° Le commissionnaire principal est garant des faits du commissionnaire *intermédiaire* auquel il adresse les marchandises, sauf stipulation contraire. — Le voiturier, toutefois, ne peut s'exonérer d'avance par une stipulation formelle, parce que nul ne peut stipuler d'avance qu'il ne répondra pas de sa faute personnelle. La clause insérée par les compagnies au dos des bulletins de bagages, en vertu de laquelle elles ne seront responsables, en cas de perte, que jusqu'à concurrence de 150 fr. ou même quelquefois de 75 fr. n'est pas opposable aux voyageurs, car on ne peut pas se décharger de son propre fait. — Mais, d'autre part, le voyageur dont le colis est perdu ne peut prétendre qu'il contenait des valeurs très considérables : on ne répond, quand on est de bonne foi, que des dommages qu'on a pu prévoir lors du contrat.

Le commissionnaire ou le voiturier est responsable par le seul fait de l'avarie ou du retard, sans qu'on ait à prouver qu'il y a eu faute de sa part. C'est à lui, au contraire, à faire la preuve des faits qui peuvent le décharger de cette responsabilité.

Il peut être exonéré : 1° Par la *force majeure* et le *cas fortuit*, à moins qu'ils n'aient été précédés d'une faute de sa part. 2° Par la *faute de l'expéditeur*, par ex. si l'emballage était mal fait; 3° par le *vice propre* de la chose, qui s'est détériorée d'elle même.

Risques de la marchandise expédiée. — Elle voyage aux risques et périls de celui à qui elle appartient (*res perit domino*), c'est-à-dire de l'acheteur, à moins qu'il ne résulte de la convention que la propriété en a été laissée au vendeur. L'acheteur exercera son recours contre le commissionnaire et le voiturier chargés du transport.

DU VOITURIER.— Le voiturier, entrepreneur de transport, doit garder et conserver les objets qui lui ont été confiés, et il est soumis, à cet égard, à la même responsabilité que les aubergistes. Il est tenu de toute faute : il répond non seulement de son propre fait, mais encore de celui de ses domestiques et préposés, et même des étrangers reçus par lui dans sa voiture ou dans son bâtiment.

Sa responsabilité est la même que celle qui incombe au commissionnaire, sauf qu'il ne peut pas s'en affranchir par une clause expresse.

Le voiturier et le commissionnaire, son garant, sont libérés de toute action lorsque le destinataire a reçu les objets transportés et payé le prix de la voiture, mais il faut qu'il y ait réception et payement postérieur au transport, et sauf le cas de fraude.

Privilège du voiturier. — Il a : 1° Une *action personnelle* contre celui qui a délivré la lettre de voiture et remis les marchandises, pour le payement du prix de la voiture et des dépenses accessoires; 2° un *droit de rétention* s'il ne s'est pas encore dessaisi de la chose voiturée; 3° un *privilège* sur les objets transportés, s'il les a encore en sa possession. D'après certains auteurs, au contraire, son privilège reposant non sur l'idée d'un *gage tacite*, mais sur celle de la création d'une *plus-value*, serait indépendant du fait de la possession. 4° Il peut faire *ordonner la vente* des objets transportés, jusqu'à concurrence de ce qui lui est dû.

Du cas ou le transport a été effectué par plusieurs commissionnaires ou voituriers.— 1° L'auteur du dommage peut être poursuivi directement par le destinataire, lequel a traité avec chacun d'eux par l'entremise du commissionnaire ou des voituriers précédents. 2° Le commissionnaire est garant de tous les commissionnaires et voituriers par les mains desquels il a lui-même dirigé la marchandise : il est toujours *du croire*. 3° Le voiturier n'est garant des voituriers ultérieurs que s'il a joué le rôle de commissionnaire, c'est-à-dire s'il a accepté le mandat de choisir le voiturier ultérieur à qui il confierait la marchandise pour la suite du trajet. 4° Si l'on ne reconnaît pas, parmi les agents successifs, à qui le dommage est imputable, on ne présume pas que chacun des voituriers a reçu la marchandise en bon état; quant à ceux qui seront présumés en faute, il faut distinguer : s'il s'agit d'une avarie non apparente, ce sera le premier voiturier, car, ayant eu le temps de vérifier la marchandise, il est censé l'avoir reçue en bon état. — Si l'avarie est apparente, ou s'il s'agit d'un retard, le second voiturier ayant dû découvrir et faire constater le fait au moment où il a reçu la marchandise, c'est lui qui sera présumé en faute.

Prescription des actions en responsabilité contre le commissionnaire et le voiturier. — La loi établit, au profit du commissionnaire de transport et du voiturier, des commissionnaires principaux ou intermédiaires ou entrepositaires, comme aussi des entrepreneurs de transport, une prescription de *six mois* pour les expéditions faites dans l'intérieur de la France et d'*un an* pour celles faites à l'étranger. Après ces délais, toutes les actions de la part de l'expéditeur ou du destinataire, à raison de la perte ou de l'avarie des marchandises, sont éteintes. — La prescription court, *en cas de perte*, du jour où le transport aurait dû être effectué; et *en cas d'avarie*, du jour où la remise des marchandises aura été faite. La prescription peut aussi, selon nous, être invoquée contre l'action en responsabilité pour cause de *retard* dans l'arrivée des marchandises; et il n'y a pas à distinguer si elle est intentée par une personne commerçante ou non commerçante. — En cas de *fraude* ou d'*infidélité* (altération de marchandises par le mélange de substances malfaisantes, ou autrement) l'action s'éteindrait, par dix ans en matière de crime et trois ans en matière de délit.

DES ENTREPRENEURS PUBLICS DE TRANSPORT. — Ce sont ceux qui se chargent d'effectuer le transport, par terre ou par eau, des personnes ou des marchandises et effets, aux conditions, jours et heures par eux fixés à l'avance. Telles sont les compagnies de chemin de fer, les entreprises de bateaux à vapeur, etc.

Ils sont assujettis aux mêmes règles que les commissionnaires et les voituriers, et, en outre, à certains règlements particuliers.

Obligations des entrepreneurs. — 1° Ils doivent tenir *registre* de l'argent, des effets et paquets dont ils se chargent.

2° Ils doivent délivrer un *reçu* des objets qu'on leur confie; et comme l'obligation de tenir registre et de délivrer reçu constitue pour eux une obligation, le voyageur ou l'expéditeur pourrait, même en l'absence de toute déclaration, faire la preuve de la remise et de la valeur des objets par tous les modes admis en matière commerciale. Toutefois, les rapports des compagnies de chemin de fer avec le public sont régis par des règlements spéciaux qui ont force de loi. Ainsi, par ex., les objets d'or et d'argent sont assujettis à une taxe spéciale et qui peut, en cas de perte, entraîner une responsabilité plus étendue; mais encore faut-il que les voyageurs et expéditeurs aient fait une déclaration spéciale de ces objets; sinon la compagnie ne répondra des objets perdus qu'eu égard à leur valeur ordinaire.

Si les objets confiés aux entrepreneurs publics de transport ne sont pas réclamés dans les *six mois* à compter de l'arrivée au lieu de leur destination, ils sont vendus, par voie d'enchères publiques, à la diligence de l'administration de l'enregistrement, et le produit en est versé au Trésor public, pour être restitué aux réclamants dans le délai de *deux ans*, à compter du jour de la vente.

3° Les compagnies de chemin de fer sont, en outre, soumises à des règles spéciales destinées à protéger le public contre les abus du monopole. Ainsi, les *tarifs* sont réglés par les cahiers des charges annexés à la loi de concession du chemin de fer; et les modifications ne peuvent être faites que par une loi, sauf qu'ils peuvent être modifiés d'une manière générale par un règlement d'administration publique (décret rendu en Conseil d'État par le président de la République). On distingue le *tarif général*, fixé par la loi, et le *tarif exceptionnel*, fixé par des règlements d'administration. Pour éviter ce dernier tarif, qui est souvent plus élevé, les entrepreneurs de transport, qui se chargent de relier les diverses stations et gares aux localités non encore desservies par le chemin de fer, ont imaginé deux procédés : *a.* le *groupage à couvert*, qui consiste à réunir plusieurs colis sous un même emballage; *b.* le *groupage à découvert*, qui consiste à réunir plusieurs colis distincts, emballés séparément, sous le nom d'un seul expéditeur et d'un seul destinataire.

Cette industrie dite de *groupage*, qui se pratique par tous les intermédiaires de transport, leur permet de bénéficier de l'*arrondissement des poids* des différents colis : les fractions de poids n'étant comptées, dans le cahier des charges des compagnies de chemin de fer que par 10 kil. on évite, par le groupage, de payer plusieurs fois des fractions de dizaines de kil. pour des dizaines entières.

DES ACHATS ET VENTES

Avant de parler de la preuve de la vente commerciale, examinons les différents modes de preuve applicables à tous les engagements commerciaux.

De la preuve en matière commerciale. — Les engagements commerciaux se prouvent :

1° Par les *actes notariés*. — Nous en avons vu une application dans les sociétés par actions.

2° Par les *actes sous signature privée*. — Il n'est pas besoin que, dans les contrats synallagmatiques, il ait été fait autant de doubles qu'il y a de parties ayant un intérêt distinct; ni que le *bon* ou *ap-*

prouvé soit mentionné sur les billets des commerçants. Mais si le souscripteur n'était pas commerçant, quand même son engagement serait commercial, le *bon* ou *approuvé* serait nécessaire. — Quant à la question de savoir si les actes commerciaux ont *date certaine* à l'égard des tiers sans l'accomplissement des formalités prescrites par l'art. 1328 C. civ. on la résout généralement par l'affirmative : le juge apprécie ; d'ailleurs, la célérité et la multiplicité des affaires commerciales sont incompatibles avec les formalités de l'enregistrement.

3° *Par le bordereau ou arrêté d'un agent de change ou courtier dûment signé par les parties.* — Ce bordereau, quoique dressé par un officier public compétent quant à l'acte et quant au lieu, du moins si c'est un agent de change ou un courtier autre qu'un courtier de marchandises, n'est pas un acte authentique, car les agents de change et les courtiers ne sont pas des officiers publics chargés de constater spécialement les conventions des parties, mais seulement de les faire conclure. Toutefois, ils sont dispensés de la formalité des doubles et du bon et approuvé ; ils font foi de leur date, même à l'égard des tiers, mais non jusqu'à inscription de faux.

4° Par une *facture acceptée.* — La facture est un écrit indiquant la nature, la quantité, la qualité et le prix de vente des marchandises. Elle peut être à personne dénommée, à ordre, ou au porteur. Elle ne fait foi que si elle est acceptée. L'acceptation peut, d'ailleurs, être tacite, c.-à-d. résulter du fait de l'avoir reçue sans réclamer immédiatement.

5° Par la *correspondance.* — Le commerçant doit conserver les lettres qu'il reçoit et transcrire celles qu'il envoie. C'est au moment de l'acceptation, c.-à-d. au moment de l'envoi de la lettre que, selon nous, le contrat est formé ; car, dès ce moment, il y a concours de volontés. — A la correspondance, on peut ajouter les *télégrammes,* qui permettront quelquefois de révoquer avant son arrivée une offre faite par lettre.

6° Par les *livres des parties.*

7° Par la *preuve testimoniale,* quelle que soit l'importance du litige, dans tous les cas où le juge croira devoir l'admettre, et même contre et outre le contenu aux actes. Le juge peut aussi admettre les *présomptions* soit légales, soit du fait de l'homme. Ces dernières sont, en effet, admissibles dans tous les cas où la preuve testimoniale peut être employée.

8° Par *l'aveu,* judiciaire ou extrajudiciaire, quelle que soit la valeur de l'objet de la contestation.

9° Par le *serment,* soit décisoire, soit supplétoire. On applique ici les règles du droit civil.

L'*enregistrement* des actes commerciaux peut avoir lieu seulement avant d'en faire usage, moyennant un droit fixe de *deux* francs ; et ils peuvent être ainsi produits en justice sans payer le droit proportionnel.

DE LA VENTE COMMERCIALE. — Elle est régie, en l'absence de toute disposition dans le Code de commerce, par le Code civil. — Si l'achat constitue un acte de commerce, il est parfait, même s'il s'agit de vin, huile et autres choses que l'on est dans l'usage de goûter avant d'en faire l'achat, même quand l'acheteur ne les aurait pas *goûtés* et *agréés.* — S'il s'agit d'une marchandise *expédiée sur commande,* elle peut être refusée arbitrairement si elle n'est pas du goût personnel du destinataire, et l'expéditeur ne peut pas demander qu'elle soit expertisée : en l'absence d'une disposition du Code de commerce et des usages, on doit appliquer les règles du Code civil.

A QUEL MOMENT L'ACHETEUR DEVIENT PROPRIÉTAIRE DE LA CHOSE VENDUE. — Il faut distinguer :

1° La vente a-t-elle pour objet un *corps certain,* il devient propriétaire, comme en matière civile, dès qu'on est convenu de la chose et du prix ;

2° La vente a-t-elle lieu *au compte, au poids* ou *à la mesure,* sous-distinction : Si c'est une vente *entre absents,* il ne suffit pas qu'elle soit comptée, pesée ou mesurée, elle n'appartient à l'acheteur que lorsqu'elle est sortie des magasins du vendeur. — Si c'est une vente *entre présents,* l'acheteur est propriétaire et la chose est à ses risques, dès que le mesurage a été opéré.

L'art. 1657 C. civ., qui dispose qu'en matière de denrées et effets mobiliers, la résolution de la vente a lieu de plein droit et sans sommation, au profit du vendeur, après l'expiration du terme convenu pour le retirement, est-il applicable en matière commerciale ? Les tribunaux peuvent, selon nous, l'appliquer, mais ils n'y sont pas forcés.

Modalité des ventes commerciales. — On distingue :

1° Ventes *au comptant* ou *à crédit.* — Dans ces dernières, dites encore *à terme pour le payement,* il est stipulé un terme au profit de l'acheteur pour le payement du prix.

2° Ventes *en disponible* ou *à livrer.* — La vente en disponible est celle qui a pour objet une marchandise prête à livrer, qui est dans les magasins du vendeur ou sur un navire. Dans ce dernier cas, elle est dite sous vergues. Elle est pure et simple. Toutefois, en cas de : a. *vue dessus,* clause usitée à Marseille ; b. *gré dessus*, clause usitée à Bordeaux ; c. non indication, de la part du vendeur, de la *qualité* de la marchandise (vente de tant de balles de café de la Martinique) la vente est parfaite si l'acheteur n'a pas exprimé une volonté contraire dans un très bref délai ; elle est sous condition résolutoire. — Si, au contraire, on avait inséré la clause *vue* et *agréée*, l'acheteur ne pourrait plus critiquer la qualité de la marchandise.

La *vente à livrer* est celle d'une marchandise qu'on n'a pas. Le prix est fixé au cours du jour pour n'être payé qu'au moment de la livraison. On distingue les *ventes à livrer fermes* ou ventes à terme et les *ventes à livrer par navire attendu*, subordonnées à l'arrivée des marchandises, les risques étant pour le vendeur.

3° Ventes *à l'acquitté* ou *à l'entrepôt* (de marchandises déposées dans un entrepôt par son propriétaire). Dans la vente *à l'acquitté* ou *à la consommation*, le propriétaire vend la marchandise après payement par lui des droits de douane. — Dans la *vente à l'entrepôt*, les droits sont payés par l'acheteur ; le propriétaire, au moyen du *transfert en douane*, qui opère délivrance au profit de l'acheteur, faisant mentionner sur les registres de la douane, que les marchandises devront désormais être remises à l'acheteur.

4° Ventes *par filières* ou vente d'une marchandise à l'entrepôt ou sous vergues. C'est la vente dans laquelle le vendeur remet à l'acheteur un *ordre de livraison* sur l'entrepôt ou sur le capitaine du navire. Le dernier acheteur, qui prend livraison, est débiteur direct non seulement de son vendeur immédiat, mais de tous les vendeurs successifs, chacun pour sa part dans le prix final. Cette modalité est très usitée à Marseille.

DIFFÉRENCES ENTRE

La **vente civile**	et La **vente commerciale**.
1° Elle peut comprendre des meubles et des immeubles.	Elle ne peut comprendre que des meubles.
2° La solidarité entre acheteurs n'existe qu'autant qu'elle a été expressément stipulée.	On admet généralement la solidarité entre acheteurs.
3° La vente de la chose d'autrui est nulle.	Cette règle ne s'appliquant pas aux ventes d'objets *in genere*, un très grand nombre de ventes commerciales lui échappent.
4° En cas de non retirement par l'acheteur de denrées et effets mobiliers dans le délai fixé, la résolution de la vente a lieu de plein droit.	Les tribunaux ont la faculté mais ne sont pas forcés de prononcer la résolution.
5° Le vendeur a un privilège et un droit de revendication.	Ils sont, en principe, supprimés en matière commerciale.
6° Les intérêts du prix ne sont pas dus, de plein droit, à partir de l'arrivée du terme.	Ils sont dus de plein droit; la dérogation à l'art. 1153 du Code civil est fondée sur un usage constant.
7° L'escompte n'a pas lieu, en principe, dans les ventes civiles.	La pratique de l'escompte est très répandue dans les ventes commerciales.
8° La délivrance s'opère, en matière de meubles, par la tradition, par la remise des clefs du bâtiment et par le seul consentement.	Elle s'opère, en outre : par la remise du *connaissement* avec la facture : par la remise de la *lettre de voiture;* par la remise du *récépissé* ou *warrant*; par le *transfert en douane*, etc.

DE LA LETTRE DE CHANGE

On appelle *change* l'échange du numéraire contre des effets payables dans une autre ville. — Le *prix du change* est le profit que l'une des parties donne à l'autre quand on échange de l'argent contre du papier payable dans un autre endroit. — Le *change manuel* est l'échange des pièces de monnaie contre d'autres. Le *change local* (*cambium locale*) ou change proprement dit est l'échange du numéraire contre des effets payables dans une autre ville. — Le change est *au pair* quand les lettres de change ne gagnent rien sur l'argent, et *vice versa*; il est *haut* ou au-dessus du pair, lorsqu'il faut donner dans une ville une somme supérieure à celle qu'on touchera dans une autre ville; il est *bas* ou au-dessous du pair, quand il faut donner dans une ville une somme inférieure à celle qu'on recevra dans l'autre. Ce profit, qui est donné par l'une des parties à l'autre, est le *cours du change*. Le *contrat de change* est un contrat par lequel une personne, moyennant une valeur qui lui est promise ou payée, s'engage envers une autre à lui payer, dans un autre lieu que celui où le contrat s'est formé, une certaine somme à une époque convenue. Le but de ce contrat est de se procurer une somme d'argent dans un lieu éloigné, d'éviter le transport du numéraire.

Il peut être exécuté de plusieurs manières.

1° Celui qui a promis la somme à distance peut l'y transporter lui-même.

2° Il peut écrire à un correspondant de payer la somme.

3° Il peut donner au créancier une *lettre de crédit* d'un banquier pour un banquier de la place où il doit.

4° Il peut lui donner une *délégation en banque*, c'est-à-dire une lettre devant être touchée par celui-là seul qui y est désigné.

5° Il peut lui donner une *lettre de change*.

La lettre de *change* implique la préexistence du contrat de change dont elle est le principal moyen d'exécution; c'est un acte rédigé selon certaines formes, dans lequel le souscripteur mande à une personne résidant dans un autre lieu d'y compter une somme déterminée à celui qui est désigné dans cet acte, ou à celui auquel il aura cédé ses droits.

Forme de la lettre de change. — Elle est régie par la législation du lieu où elle est créée. Rédigée habituellement sous signature privée, elle peut être constatée en la forme notariée si, par ex. le souscripteur ne sait pas écrire, ou si les parties veulent constituer une hypothèque pour sûreté du payement. Elle doit contenir les énonciations suivantes :

1° *Etre tirée d'un lieu sur un autre.* C'est la *remise de place en place*. Toutefois, il n'est pas nécessaire que les lieux entre lesquels la remise doit s'opérer soient des places de commerce. Le motif de cette exigence de la loi, c'est que la lettre de change est présumée être l'exécution d'un contrat de change.

2° *Etre datée,* contenir l'indication du jour et du lieu de sa création, cela, à peine de nullité. La date est utile : *a.* si la lettre est payable à un certain délai de date, pour fixer l'échéance; *b.* pour apprécier la capacité du tireur; *c.* pour faire courir le délai d'échéance lorsqu'elle est payable à un ou plusieurs jours ou mois de date.

3° *Enoncer la somme à payer.* — L'objet de l'obligation doit être nécessairement une somme d'argent. On peut indiquer en quelle monnaie elle devra être payée. La somme est habituellement exprimée en toutes lettres dans le corps de l'acte et en outre indiquée en chiffres en tête ou à la fin. Il n'est pas nécessaire qu'elle soit écrite de la main du signataire de la lettre. Si elle n'était pas énoncée, il y aurait nullité.

4° *Indiquer le nom de celui qui doit payer,* c'est-à-dire du *tiré*. Si le tireur et le tiré n'étaient qu'une seule et même personne, ce ne serait plus une lettre de change, mais un billet à domicile. Toutefois, le souscripteur pourrait tirer sur son commissionnaire ou sur une maison de commerce distincte dans laquelle il aurait un intérêt.

5° *Indiquer l'époque du payement.* — Elle peut l'être : soit à l'expiration d'un certain nombre de jours, de semaines, de mois de date, ou à un certain nombre d'usances (période de 30 jours) de date; soit à vue, c'est-à-dire à présentation; soit à l'expiration d'un certain nombre de jours, de semaines, de mois, d'usances de vue. Si l'époque du payement n'avait pas été indiquée, la lettre de change ne vaudrait que comme un simple mandat donné au tiré de payer le montant de la somme indiquée dans la lettre.

6° *Indiquer le lieu du payement.* — Ce lieu est ordinairement le domicile du tiré, à moins que l'on n'indique qu'elle est payable au domicile d'un tiers, qui prend le nom de *domiciliataire* et qui est un véritable *adjectus solutionis gratia.*

7° *Indiquer le nom de celui à qui ou à l'ordre de qui elle est payable.* — Si elle indiquait seulement le nom de celui qui en a donné la valeur, sans mander au tiré de la lui rembourser, l'acte ne serait plus une lettre de change, mais un titre ordinaire, à moins qu'il ne résulte clairement des circonstances que le donneur de valeur doit être le preneur, auquel cas, le titre serait valable comme lettre de change. — La lettre de change doit, en outre, contenir la clause *à ordre*, ce qui signifie que le preneur pourra en transmettre à un tiers la propriété par la simple voie de l'endossement. La clause *à ordre* est, selon nous, de l'essence de la lettre de change. Elle est à l'ordre de celui qui en fournit la valeur ou à l'ordre d'un tiers; elle ne pourrait être ni *au porteur* ni à l'ordre du *tiré*, lequel n'est pas un tiers. Elle peut être à l'ordre du *tireur*, par ex., « il vous plaira payer à mon ordre... valeur en moi-même » ce qui présente de l'utilité lorsqu'on veut emporter en voyage des lettres de change acceptées pour trouver du crédit en route. Dans ce cas, il n'y a en jeu qu'un tireur et un tiré; il n'y aura de troisième personne qu'au moment du premier endossement; et c'est alors seulement qu'il y aura lettre de change.

8° *Indiquer la valeur fournie.*— Il ne suffit pas que l'obligation ait une cause, ce qui est le droit commun; il faut encore que la cause soit exprimée : par ex., valeur en espèces, valeur reçue comptant, valeur en marchandises, valeur en compte. Si la cause de l'obligation n'est pas exprimée, l'effet ne vaut pas comme lettre de change; le preneur n'en devient pas propriétaire; il n'est qu'un simple mandataire pour en toucher le montant.

9° *Etre signée du tireur.* — Si elle est faite par acte sous seing privé, la signature du tireur est exigée à peine de nullité. Si elle est rédigée par acte notarié, la déclaration par le notaire, que le tiré ne sait pas signer, équivaut à la signature de ce dernier.

Clauses essentielles. — Doivent être nécessairement insérées dans la lettre de change les clauses suivantes : 1° La *remise de place en place ;* 2° *l'indication du tireur*, du *tiré*, du *preneur*, de la *somme due*, de *l'époque* et du *lieu du payement*, de la *date* et de la *valeur fournie*. — L'omission de ces énonciations rend la lettre de change *nulle* comme telle. — La *supposition*, c'est-à-dire la déclaration mensongère de *lieu* et de *domicile*, de *noms* et de *qualité*, fait dégénérer le titre en *simple promesse*. Les *suppositions*, comme les *omissions*, infectent le titre d'une nullité absolue, qui peut être invoquée par toute personne intéressée. Mais les suppositions ne peuvent pas être invoquées contre toute personne : contre un tiers-porteur de bonne foi, parce qu'elles ne sont pas *apparentes* comme les omissions.

Clauses facultatives. — 1° La *lettre de change payable à l'ordre du tireur* ; 2° le *tireur pour compte* ; 3° le *recommandataire ou besoin* (on appelle ainsi une personne indiquée comme devant payer à défaut du tiré lorsqu'on n'est pas sûr que celui-ci payera) : le *domiciliataire*, personne autre que le tiré, au domicile de laquelle la lettre est payable ; 4° la clause *suivant avis* ou *sans autre avis*, suivant que l'on compte ou non avertir le tiré avant l'échéance : 5° la clause *retour sans frais*, insérée si le tireur a quelque doute sur la solvabilité du tiré et ne veut pas s'exposer à payer les frais. Cette clause dispense le porteur non payé à l'échéance de faire protester la lettre, et d'en faire la notification à ses garants et de les citer en justice dans les délais déterminés par la loi ; 6° la clause qui indique que *la lettre est à plusieurs exemplaires*, par ex. si on envoie un exemplaire à l'acceptation pendant qu'on négocie l'autre ; 7° la clause *sans garantie*, laquelle affranchit de toute responsabilité, pour défaut de payement, le tireur qui a fourni la provision et les endosseurs. Dans ce cas, le porteur n'a de recours que contre le tiré ; 8° la clause relative au *tireur pour compte*, ce qui se produit quand le tireur tire la lettre non pour son propre compte mais pour le compte d'autrui. Dans ce cas, le tireur est dit *tireur* pour compte, et celui pour le compte duquel la lettre est tirée, *donneur d'ordre* ou *ordonnateur* ; par ex. un négociant de Paris, débiteur d'un négociant de Lyon et créancier d'un négociant de Marseille, mande à son créancier de tirer en son propre nom, mais pour le compte de lui mandant, une lettre de change sur le négociant de Marseille, son débiteur. C'est un moyen de se libérer de ce qu'on doit, en recouvrant ce dont on est créancier, sans avoir de frais à faire, et même en réalisant un bénéfice.

Incapacités. — Toute personne, commerçante ou non, capable de contracter, peut intervenir dans une lettre de change. Toutefois, les *femmes ou les filles non commerçantes* ne peuvent former le contrat de change, et leur signature sur une lettre de change, par un privilège particulier à leur sexe, ne vaut à leur égard que comme *simple promesse*. La loi suppose qu'elles sont majeures et ne sont pas mariées, ou qu'elles sont autorisées de leur mari. Cette lettre réputée simple promesse produira au moins les effets d'un billet à ordre à l'égard des femmes et des filles ; et même elle produira tous ses effets à l'égard des autres signataires. Le *mineur commerçant* a pleine capacité pour souscrire une lettre de change, pourvu qu'elle soit relative à son commerce (même il y a présomption qu'elle a été souscrite pour son commerce). Le mineur *non commerçant*, son obligation est nulle et ne vaut pas même comme simple promesse. Toutefois, le preneur à qui le mineur opposera la nullité pourra exiger la restitution des valeurs qui auront été remises à l'incapable, à la condition de prouver qu'il en a profité. L'*interdit* ne peut jouer aucun rôle dans la lettre de change. — La *personne pourvue d'un conseil judiciaire* ne peut tirer une lettre de change sans l'assistance de son conseil.

La nullité qui résulte de ces diverses incapacités est purement *relative*, invocable seulement par les incapables, mais opposable par eux à toute personne, même à des tiers porteurs de bonne foi. Peu importe d'ailleurs que l'incapable ait été tireur, tiré-accepteur, endosseur ou donneur d'aval.

De la provision. — La provision est la somme ou les valeurs fournies au tiré pour payer la lettre de change à l'échéance. Elle peut consister en une créance du tireur sur le tiré, auquel cas, elle doit être au moins égale au montant de la lettre de change et exigible au moment de l'échéance.

Par qui elle doit être faite. — Elle doit être faite : 1° *Par le tireur*, obligé de faire payer la lettre de change par le tiré aux jour et lieu convenus ; 2° *par le donneur d'ordre*, lorsque la lettre est tirée pour le compte d'autrui. Toutefois, même dans ce cas, le *tireur pour compte* est tenu de faire la provision vis-à-vis des endosseurs et du porteur. — Vis-à-vis du tiré, il est tenu seulement de justifier qu'il avait mandat du donneur d'ordre pour tirer la lettre; il engage celui-ci, son mandant, sans s'obliger lui-même. — Mais dans ses rapports avec les endosseurs et le porteur, le tireur pour compte est un *commissionnaire*, il s'oblige donc personnellement envers eux sans obliger le donneur d'ordre, son commettant. Les endosseurs ou le porteur ne pourront pas exercer une action directe contre le donneur d'ordre; ils ne pourront agir que comme subrogés aux droits du tireur pour compte, leur débiteur.

Intérêt de savoir s'il y a provision. — A défaut de payement à l'échéance, le porteur qui n'a pas fait protêt le lendemain et n'a pas notifié le refus de payement du tiré à ceux qui sont garants de sa solvabilité, ne peut plus agir en garantie contre le tireur si celui-ci prouve au porteur négligent qu'il avait fait *provision*. Si le tireur n'a pas fait provision, il ne peut pas exciper du retard ou du défaut de protêt de la part du porteur, car, n'ayant pas fait la provision, il garderait sans avoir rien déboursé la valeur de la lettre de change qui lui a été remise par le preneur et s'enrichirait aux dépens d'autrui.

Quant aux *endosseurs*, ils peuvent opposer la déchéance au porteur, sans être obligés de faire la preuve de la provision, car ils ont payé la valeur de la lettre de change quand on la leur a cédée. En leur permettant de repousser la demande du porteur négligent, on ne les autorise pas à faire un gain, mais on les dispense de payer deux fois.

A qui appartient la provision. — Appartient-elle au porteur; ou fait-elle encore partie du patrimoine du tireur? En cas de faillite du tireur avant l'échéance, la provision doit-elle être payée intégralement au porteur; ou n'a-t-il droit qu'à un individende? Il faut distinguer:

a. *Si le tiré a accepté*, il gardera la provision sur laquelle il a compté pour payer le porteur.

b. *Si le tiré n'a pas accepté*, la provision, appartient, selon nous, au porteur. En se faisant payer sur la provision à l'exclusion des créanciers du tireur, il se prétend cessionnaire de la créance du tireur contre le tiré, la souscription d'une lettre de change impliquant la cession de la créance du tireur contre le tiré.

En cas de *faillite du tiré* avant l'échéance de la lettre, la provision doit-elle être attribuée exclusivement au porteur; ou viendra-t-il au marc le franc avec les autres créanciers du tiré? Il faut distinguer: si la provision a été envoyée au tiré avec affectation spéciale au payement de la lettre de change, elle constitue un véritable dépôt et appartient au porteur qui la revendiquera au nom du déposant, le tireur. Dans les autres cas, par ex., si la provision consiste dans une simple créance du tireur contre le tiré, le porteur viendra par contribution avec les autres créanciers de la faillite du tiré et n'aura droit qu'à un dividende.

De l'acceptation. — L'acceptation est l'engagement pris par le tiré envers le porteur de payer la lettre de change à l'échéance, en l'acquit du tireur et au lieu où elle est payable. L'obligation de fournir au porteur et à ses cessionnaires l'acceptation du tiré est imposée au tireur. Elle augmente la sécurité du porteur en lui donnant la garantie d'une nouvelle solvabilité et facilite la circulation de la lettre de change. Toutefois, l'acceptation ne se conçoit pas quand la lettre de change est payable à vue; elle est en effet échue dès qu'elle est présentée. Le tiré qui accepte doit avoir la capacité de s'obliger par lettre de change. De là, les mineurs, les filles ou femmes ne peuvent accepter.

Forme de l'acceptation. — L'acceptation doit être : 1° *Signée*. Le mot *vu* suivi de la signature n'emporterait pas acceptation, selon nous.

2° *Datée*. — La *date* n'est indispensable que pour faire courir le délai de vue. Si on l'a omise, le délai courra du jour de l'émission de la lettre de change.

3° *Ecrite*. — L'acceptation verbale ne vaudrait que comme simple promesse vis-à-vis de celui qui l'aurait reçue. Elle peut, selon nous, être donnée par acte séparé, par ex. par lettre missive, pourvu que la volonté des parties soit clairement manifestée. Dans ce cas, l'obligation du tiré ne sera pas commerciale quelle que soit sa cause; il n'est pas obligé par lettre de change. — Lorsque la lettre est payable dans un *autre lieu* que celui de la résidence du tiré, et que le tireur n'a pas indiqué dans la lettre le domicile où elle est payable, l'acceptation doit désigner ce domicile, sinon le porteur pourrait refuser comme incomplète l'acceptation.

4° *Pure et simple*. — Le porteur a le droit de refuser une acceptation conditionnelle, ou faite sous la condition que le tireur fera provision avant l'échéance, ou qui changerait le terme de l'échéance, le mode, le lieu de payement énoncés dans la lettre. — Elle peut, d'ailleurs, être faite pour une somme inférieure à celle portée dans la lettre; cela décharge d'autant le tireur et les endosseurs; le porteur fera protester la lettre de change pour le surplus, et il obtiendra du tireur et des endosseurs cautions que ce surplus sera payé à l'échéance dans la place même sur laquelle la lettre a été tirée.

5° *Irrévocable.* — Qui accepte paye. L'accepteur ne pourrait pas se faire restituer contre son obligation quand même le tireur serait tombé en faillite à son insu après ou même avant qu'il eût accepté. Toutefois l'acceptation serait nulle : *a.* Si le consentement avait été extorqué par *violence*, ou obtenue par *dol*, pourvu que l'auteur du dol fût resté porteur à l'échéance, car le dol ne vicie le contrat qu'à l'égard de l'auteur du dol; *b.* si le tiré était *incapable* au moment de son acceptation. — Elle est *révocable* tant que le tiré n'a pas remis au tireur la lettre acceptée; le tiré pourrait donc bâtonner son acceptation après l'avoir apposée sur la lettre. — Le tiré qui a accepté ne peut plus être forcé de se dessaisir des objets formant la provision, car il a pris par son acceptation l'engagement de payer, sur la foi de cette provision.

Effets de l'acceptation. — 1° Elle oblige le tiré au *payement* de la lettre. 2° Elle fait présumer l'existence de la *provision* entre les mains du tiré. 3° Elle fait *courir le délai de vue*; toutefois un simple visa suffirait. 4° Elle *saisit le porteur* de la provision.

Le refus d'acceptation est constaté par un *protêt faute d'acceptation*, après quoi le porteur peut recourir contre le tireur et les endosseurs pour leur demander caution. Ils sont tenus solidairement; toutefois le porteur ne peut exiger une caution de chaque signataire. Il peut en obtenir une du tireur ou de celui des endosseurs qu'il voudra choisir; dès que l'un d'entre eux a satisfait à l'obligation, les autres sont libérés. Ils en sont tenus *respectivement*, c'est-à-dire que celui qui l'aura fournie aura recours contre ses garants pour en obtenir une, à son tour.

Lorsque le tiré a accepté, le porteur ne pourrait pas, en le déchargeant de son acceptation, faire revivre l'obligation d s tireurs et endosseurs, qui est éteinte. Le tiré est débiteur de la lettre de change et le tireur et les endosseurs sont garants solidaires du payement.

De l'acceptation par intervention. — C'est la déclaration par laquelle un tiers prend volontairement l'engagement de payer la lettre de change que le tiré a refusé d'accepter. Ce tiers peut, soit s'engager à découvert, pour ne pas laisser en souffrance la signature du tireur ou d'un endosseur; soit parce qu'il est débiteur de ceux-ci et qu'il trouve ainsi un moyen facile de se libérer. Il doit désigner celui pour qui il intervient, afin qu'il puisse exercer son recours contre lui et contre ses garants. — Il peut, d'ailleurs, intervenir pour tous ou pour un seul des signataires de la lettre : pour le tireur et les endosseurs ou pour l'un d'eux. — L'acceptation par intervention doit être précédée du *protêt faute d'acceptation*: elle peut être faite par toute personne capable de s'engager par lettre de change, qui n'est pas déjà tenue comme signataire de la lettre. Le *tiré* peut aussi, en refusant l'acceptation simple, et après protêt fait, accepter par intervention, par ex. s'il n'a pas provision, pour s'assurer un recours en intervenant pour l'un des endosseurs, tandis que, comme tiré il, n'aurait de recours que contre le tireur : ou encore, afin de ne pas laisser établir contre lui la présomption de provision; ou enfin parce qu'il a entre les mains des fonds appartenant non au tireur mais à l'un des endosseurs. Il peut même accepter par intervention pour le tireur, car en prenant cette qualité, il n'est pas présumé avoir reçu la provision, dans ses rapports avec le tireur. Les *recommandataires*, tiers indiqués pour accepter ou pour payer en cas de refus du tiré, peuvent accepter par intervention, puisqu'ils n'ont été chargés d'accepter ou de payer qu'en tant que besoin, c'est-à-dire pour suppléer par leur intervention au refus du tiré.

L'intervenant doit *notifier* dans le plus bref délai son intervention à celui pour lequel il est intervenu, par ex. si c'est pour le tireur, afin qu'il n'envoie pas la provision au tiré qui a refusé d'accepter ou qu'il lui retire celle dont il l'aurait nanti.

Effets. — Le porteur de la lettre de change conserve, malgré l'acceptation par intervention, tous ses droits contre le tireur et les endosseurs, à raison du défaut d'acceptation du tiré; par conséquent, il peut poursuivre celui ou ceux pour lesquels l'intervention a eu lieu, et exiger d'eux une caution ou un remboursement. Toutefois, l'intervention présente encore cette utilité, à savoir, que l'on trouvera plus facilement une caution en présence de la garantie présentée par l'intervenant; d'ailleurs, en fait, le porteur ne demandera pas une caution si l'intervenant est solvable.

De l'échéance. — L'échéance est le jour fixé pour le payement de la lettre de change. Elle peut être payable *à vue*, c. à-d. à présentation ; à un ou plusieurs jours, à un ou plusieurs mois *de vue*, c.-à-d. depuis qu'elle a été présentée au tiré : à une ou plusieurs *usances de vue* l'usance est, en France, un délai de trente jours) : à un ou plusieurs jours, à un ou plusieurs mois, à une ou plusieurs *usances de date*. Dans ce cas, les jours, mois et usances de délai courront du lendemain de la date de la lettre de change ; ou à jour fixe (au 30 août prochain) ; ou en foire, c.-à-d. le jour de la foire, si elle ne dure qu'un jour, ou la veille du jour fixé pour la clôture de la foire, si elle dure plus d'un jour. La lettre tirée le 10 janvier, à deux mois de date, est payable le 10 mars; celle payable le 10 janvier, à six mois de date, est payable le 10 juillet, encore que les mois intermédiaires se composent d'un nombre inégal de jours ; celle tirée le 31 janvier à trois mois de date est payable le 30 avril. On ne peut pas ici, comme dans les cas ordinaires, compter de quantième à quantième. La question présente de l'intérêt au point de vue du *protêt*, que le porteur est tenu de faire dresser le *lendemain*, sous peine de déchéance contre les endosseurs, et, dans certains cas, contre le tireur. Lorsque l'échéance tombe un jour férié légal, elle est payable la veille, mais le protêt doit se faire le lendemain du jour fixé. Les jours fériés sont : Noël, l'Ascension, l'Assomption, la Toussaint, le jour du 1er janvier et le jour du 14 juillet, ce dernier érigé en fête nationale par la loi du 6 juillet 1880. Les délais de grâce, de faveur ou d'usage, qui existaient autrefois relativement au payement des lettres de change, sont abrogés.

Endossement. — C'est l'acte par lequel le propriétaire d'une lettre de change la cède à un tiers (par une mention écrite au *dos* de la lettre), en demeurant garant du payement à l'échéance.

L'endossement s'applique à tous les actes contenant la clause à ordre : lettre de change, billet à ordre, récépissés et warrants des magasins généraux, chèques, lettre de voiture, police d'assurance, actions et obligations, etc...

On distingue : l'endossement translatif de propriété, ou régulier ; l'endossement de procuration, ou irrégulier ; l'endossement de garantie, ou pignoratif.

Endossement translatif de propriété. — La propriété de la lettre de change est transmise, même à l'égard des tiers, sans signification au débiteur cédé ni acceptation de celui-ci dans un acte authentique. Les signataires, en acceptant la clause à ordre, s'obligent non pas envers une personne déterminée, mais envers l'inconnu qui sera porteur régulier de la lettre à l'échéance.

Formes. — L'endossement, dont la forme est régie par celle du lieu où il s'effectue, doit contenir : 1° la *date*, c.-à-d. les jour, mois et an où il est consenti. L'indication du lieu n'est pas exigée, il n'est pas nécessaire que l'endossement contienne une remise de place en place. 2° L'*expression de la valeur fournie*, c.-à-d. de la valeur donnée en échange par le cessionnaire. 3° Le *nom du cessionnaire*, c.-à-d. de celui à qui l'ordre est passé. 4° La *signature* de l'endosseur.

L'endossement non daté ne produirait pas son effet translatif de propriété ; d'ailleurs, la loi défend d'antidater les ordres, *à peine de faux*, pour empêcher ceux qui auraient des lettres de change avec des ordres en blanc d'antidater ces ordres avant leur faillite, afin de les donner en payement à quelques-uns de leurs créanciers au préjudice des autres; mais l'endossement n'en serait pas moins valable. La peine du faux ne s'applique pas à l'antidate de la lettre elle-même : les peines sont de stricte interprétation. On peut endosser un effet après l'échéance, pourvu que le porteur ait conservé ses recours par un protêt, afin qu'il ait quelque chose à céder.

Effets de l'endossement régulier. — 1° Il *transfère la propriété* du titre à ordre avec ses accessoires; cautionnements, hypothèques. 2° L'endosseur *garantit* au nouveau preneur et à ses ayants cause le payement de l'échéance : les effets de commerce doivent pouvoir circuler comme une véritable monnaie. Ainsi chaque endosseur est garant du payement envers tous les porteurs ultérieurs de l'effet : et il a lui-même pour garants tous les endosseurs antérieurs et le tireur. 3° Les *exceptions* personnellement opposables au cédant ne sont *pas opposables* au cessionnaire : la rapidité nécessaire des transmissions ne permet pas au cessionnaire de s'informer des relations qui ont pu exister entre le débiteur, le cédant — et tous les propriétaires antérieurs de la créance. Il en est ainsi : *a.* de *l'exception de dol*, celui qui a usé du dol pour obtenir un effet de commerce ne peut pas en réclamer le payement, mais cette exception lui est purement personnelle ; *b.* de *l'exception de compensation*, le cessionnaire n'aura pas à craindre la compensation qu'on aurait pu opposer à l'endosseur qui serait devenu débiteur du tiré ou du souscripteur du billet avant l'échéance. Toutefois, la règle ne s'appliquerait pas en cas d'*absence totale de consentement*, de *signature fausse*, ou de *violence*, attendu que l'engagement principal est nul : et elle ne s'appliquera qu'en faveur d'un porteur *de bonne foi* : *a.* en cas *d'abus de blanc-seing*, celui qui a donné un blanc-seing, lequel a été rempli contrairement à la convention, ne peut pas faire annuler son billet contre un porteur de bonne foi, car il est coupable d'avoir donné un blanc-seing à quelqu'un qui ne méritait pas sa confiance ; *b.* en cas de *minorité*. Le mineur commerçant qui a souscrit une lettre de change ou un billet à ordre pour une cause civile ne peut pas faire la preuve de non commercialité contre un porteur de bonne foi, car il a contribué à l'induire en erreur.

Clause sans garantie. — Usitée à Marseille, pour *l'escompte à forfait*. C'est un escompte compliqué d'assurance qui affranchit le cessionnaire de la garantie, le banquier escompteur retenant une certaine prime (1 à 2 0/0) en plus des commissions ordinaires. Le cessionnaire, qui a reçu en payement des effets de commerce d'acheteurs qu'il ne connaît pas, fait par ce moyen cesser son risque en endossant les billets.

DIFFÉRENCES ENTRE

L'**endossement** et	**La cession de créance.**
1° Il transfère la propriété de la créance *erga omnes*, sans qu'il soit besoin d'acceptation authentique par le débiteur ni de notification à ce dernier.	Elle n'est parfaite *à l'égard des tiers* que par l'accomplissement de l'une ou l'autre de ces formalités.
2° L'endosseur cédant est de plein droit garant du payement de la lettre à son échéance.	Le cédant d'une créance civile ou même commerciale ne répond de la solvabilité du débiteur, et, par conséquent, du payement, que s'il en a pris l'engagement.
3° La solidarité pèse, de plein droit, sur chacun des endosseurs.	La solidarité n'existe à la charge de plusieurs cédants d'une dette civile que si elle a été expressément stipulée.
4° Les exceptions personnellement opposables au cédant ne sont pas, en principe, opposables au cessionnaire.	En règle générale, toute exception opposable au cédant est opposable au cessionnaire : on ne peut céder plus de droits qu'on n'en a soi-même.

Endossement irrégulier ou de procuration. — C'est celui qui ne confère à l'endossataire que la qualité de mandataire à l'effet de recevoir le payement à l'échéance, de donner quittance, et, faute de payement, de faire le protêt. Celui qui a reçu un endossement de procuration peut, d'ailleurs, céder la propriété de l'effet par un endossement translatif de propriété, pourvu, bien entendu, que le mandat n'ait pas été révoqué, au moment du nouvel endossement, par la mort ou la faillite de l'endosseur qui n'avait donné qu'une procuration. En cas de non payement, l'acquéreur, qui peut recourir contre l'endosseur qui avait signé l'endossement de procuration, ne pourra recourir contre le mandataire lui-même si celui ci a endossé expressément *pour le compte de son mandant*, car le mandataire oblige le mandant et ne s'oblige pas lui-même. Si, au contraire, il a endossé purement et simplement, il sera, selon nous, personnellement exposé au recours en garantie des porteurs ultérieurs : il a agi comme un *commissionnaire* qui s'oblige personnellement. Mais alors il aura lui-même un recours contre son mandant et contre les endosseurs antérieurs, s'il a fourni à son mandant le montant de la lettre, soit en espèces, soit en compte. Il aura, à cet effet : 1° la *condictio indebiti*, car il a payé à son endosseur la somme qu'il avait touchée pour lui et qui lui a été ensuite reprise: 2° l'*action de mandat*, car c'est en exécutant son mandat qu'il s'est obligé envers le porteur; 3° les *actions du porteur*, auxquelles il est *subrogé*, car il était tenu *avec d'autres* ou *pour d'autres*, au payement de la lettre de change.

Si l'endossement n'est pas signé par l'endosseur, il ne vaut que comme simple projet.

DIFFÉRENCES ENTRE

L'**endossement régulier** et	L'**endossement irrégulier.**
1° Il transfère la propriété de la lettre de change.	Il ne vaut que comme procuration.
2° Les créanciers de l'endosseur ne peuvent plus, après l'endossement, saisir-arrêter la somme portée dans la lettre de change entre les mains de celui sur qui elle est tirée.	Ils le peuvent, la somme figure encore dans le patrimoine de l'endosseur.
3° Le porteur de l'endossement, qui a touché le montant de la lettre de change, n'est pas obligé de rendre compte à l'endosseur, son commettant.	Il a des comptes à rendre à son mandant.
4° Si celui sur qui la lettre est tirée est créancier de l'endosseur, il ne peut opposer au porteur de l'endossement la compensation de ce qui lui est dû par l'endosseur.	Il le peut.
5° L'endosseur ne peut, avant que le porteur de l'endossement ait touché le montant de la lettre de change, révoquer le mandat et l'empêcher de recevoir, en notifiant au tiré cette révocation.	Il le peut : il est considéré comme un mandant.

De l'endossement en blanc. — C'est celui dans lequel l'endosseur a apposé seulement sa signature, sans rien écrire au-dessus; il n'est qu'une *pierre d'attente,* il peut être rempli après coup par toute personne, même par celle au profit de qui l'endossement est fait, auquel cas l'endossement se trouve être parfaitement régulier.

Si, au contraire, l'endossement est irrégulier, parce qu'il *manque une ou quelques-unes des énonciations* prescrites par la loi (date ou mention de la valeur fournie) le porteur de cet endossement n'a pas le droit d'ajouter l'énonciation qui manque, car l'endosseur ne voulait peut-être pas le rediger autrement; et on ne doit pas en changer la teneur par des adhésions. — Au contraire, celui qui donne un endossement en blanc est censé accorder une entière liberté à celui auquel il le confie. D'ailleurs, ce sont deux endosseurs irréguliers.

Endossement de garantie ou pignératif. — C'est celui qui a pour effet de transférer seulement un droit de gage au créancier sur les valeurs *à ordre.* Il confère à l'endossataire le droit : 1° de *toucher* l'effet à l'échéance, et d'en donner quittance, s'il l'a encore en mains à cette époque; 2° de *transférer* lui-même la propriété de l'effet par endossement, mais seulement en exécution d'une vente publique faite huit jours après une signification faite au débiteur, et au tiers, bailleur du gage, s'il y en a un; et par le ministère des courtiers.

De la solidarité. — Pour assurer le payement de la lettre de change, la loi dispose que tous ceux qui ont signé, accepté ou endossé une lettre de change sont tenus solidairement envers le porteur, lequel peut s'adresser, pour obtenir payement de la lettre, à l'un ou à l'autre individuellement; ou les poursuivre tous collectivement. Cette solidarité est *imparfaite,* De là : 1° les interpellations adressées à l'un des codébiteurs ne produisent pas d'effet à l'égard des autres; 2° le porteur doit s'adresser, d'abord, au tiré; ce n'est qu'après le protêt fait contre ce dernier, qu'il peut agir, à son choix, contre tous les endosseurs; 3° le codébiteur qui a payé peut exercer son recours solidairement contre chacun des endosseurs antérieurs. — Dans le droit commun il n'a qu'un recours divisé.

De l'aval. — *L'aval* (de *faire valoir*) est le cautionnement d'une lettre de change ou d'un billet à ordre. Celui qui fournit un aval s'appelle donneur d'aval. L'aval diffère de l'endossement en ce que, l'endosseur n'est garant du payement que d'une manière accessoire, par suite de la cession qu'il a faite de la propriété de la lettre à un tiers. — Au contraire, le donneur d'aval garantit purement et simplement le payement de la lettre de change.

L'aval est donné par un tiers qui ne doit pas déjà, à un autre titre, être obligé au payement de la lettre, et qui a la capacité requise pour s'engager par lettre de change. Il peut être donné après l'échéance de la dette, sur la lettre même ou par acte séparé, soit par acte authentique, soit par acte sous seing privé, soit même par simple lettre missive.

Effets. — Le donneur d'aval est tenu commercialement et solidairement, comme les autres signataires, envers le porteur, au payement de la lettre. Il ne jouit ni du bénéfice de *discussion* ni du bénéfice de *division.* Il doit déterminer celui qu'il cautionne, sinon il sera censé avoir cautionné le tireur, n'aura de recours que contre lui et sera exposé au recours de tous les endosseurs.

Du payement. — C'est le mode d'extinction normal de la créance résultant de la lettre de change. Elle peut s'éteindre en outre par la *prescription*, la *remise*, la *compensation*, la *novation*, la *confusion*, etc.

Elle doit être payée à l'échéance. Les juges ne pourraient pas, comme en matière civile, accorder un délai de grâce au débiteur : le payement doit être effectué avec exactitude au jour fixé. Le porteur ne pourrait être contraint d'en recevoir le payement avant l'échéance. Ici le terme est stipulé tant en faveur du créancier que du débiteur. Elle doit être payée dans la monnaie qu'elle indique : et à défaut de stipulation, en monnaie d'or ou d'argent. La monnaie de bronze ne peut être employée que pour l'appoint de 5 francs, et les pièces de 50 cent. et de 20 cent. que pour l'appoint de 20 francs. Si on paye en argent plus de 500 francs on doit fournir les sacs, moyennant une somme de 10 cent. par sac que le créancier est tenu de payer (*passe de sacs*). Controv. de savoir si le créancier peut stipuler que le payement aura lieu en or ou en argent s'il y a cours forcé des billets de banque à l'échéance.

Payement partiel. — Le porteur, qui accepte un payement partiel, ne peut exercer son recours que pour le surplus. Il doit même accepter le payement partiel, s'il lui est offert; il y a droit acquis pour le tireur et les endosseurs, qui sont libérés d'autant. Toutefois, il ne peut être contraint de recevoir un payement anticipé, sauf en cas de recours faute d'acceptation, où le garant poursuivi peut, pour se dispenser de trouver une caution, payer immédiatement la lettre.

Par qui et a qui le payement peut être fait. — Il peut l'être : 1° par le *tiré* ou son mandataire légal, judiciaire ou conventionnel; mais le payement n'est pas valable s'il est en état de faillite déclarée; 2° par les personnes indiquées dans la lettre en cas d'absence ou de refus du tiré; 3° par tous ceux que leur signature comme endosseurs, accepteurs par intervention, donneurs d'aval, oblige à la garantie quand le tiré a refusé le payement; 4° par toute personne, pour faire honneur à l'un des signataires et empêcher les poursuites qui seraient exercées après le protêt.

Il peut être fait au *preneur,* proprétaire de la lettre de change. Le payement fait à l'échéance et sans opposition est valable, le porteur fût-il incapable, par ex. en état de faillite; ou même ne fût-il pas le légitime propriétaire de la lettre, par ex. en cas de faux ou d'abus de blanc-seing dans les endossements. Toutefois, si on peut prouver que le tiré connaissait l'incapacité du porteur ou l'illégitimité de sa possession et qu'il ait payé de mauvaise foi, le véritable propriétaire pourra le faire payer de nouveau. — S'il a payé de nouveau, il ne sera pas recherché par le véritable propriétaire, lequel aura un recours contre celui qui a reçu indûment.

Opposition au payement — Elle ne peut avoir lieu que : 1° En cas de *perte de la lettre de change.* Le propriétaire de la lettre doit faire opposition entre les mains du tiré; 2° en cas de *faillite du porteur.* L'opposition est faite entre les mains du tiré par les créanciers de la faillite. La *perte* et la *faillite* du porteur sont les deux seuls cas où l'opposition puisse être formée : la circulation rapide de la lettre de change et la certitude pour le porteur d'avoir les fonds à l'échéance exigent qu'il en soit ainsi.

Mesures à prendre pour obtenir payement en cas de perte de la lettre. — Ce mesures sont les suivantes :

1° Si la lettre a été tirée en *plusieurs exemplaires* et que le propriétaire n'en ait plus qu'un seu- entre les mains, il peut poursuivre le payement sur celui qui lui reste (en supposant qu'elle *n'a pas été acceptée* par le tiré.

2° Si la lettre a été tirée en *plusieurs exemplaires* et que l'un d'eux *ait été accepté* par le tiré, comme il est engagé vis-à-vis du porteur de son acceptation, il peut se refuser à payer sur un autre exemplaire non accepté; et celui qui a perdu la lettre doit, pour exiger le payement sur un second ou troisième exemplaire, obtenir une ordonnance du juge, en donnant caution de garantir l'accepteur des poursuites qui pourraient ensuite être dirigées contre lui par le porteur de l'exemplaire accepté.

3° Si le preneur *ne s'est pas fait délivrer plusieurs exemplaires* et que la lettre vienne à être perdue, le porteur peut se procurer un second exemplaire en s'adressant à son endosseur immédiat, qui est tenu de lui prêter son nom et ses soins pour agir envers son propre endosseur, et ainsi de suite, en remontant d'endosseur en endosseur jusqu'au tireur, qui sera obligé de délivrer un nouvel exemplaire, sur lequel les endossements seront rétablis, et qui sera ainsi la reproduction du titre perdu. Nanti de ce nouvel exemplaire, le porteur obtiendra payement du tiré purement et simplement, si l'exemplaire perdu n'a pas été revêtu de l'acceptation; s'il l'a été, il devra avoir recours à la décision du juge et donner caution.

4° Si le porteur ne peut représenter aucun exemplaire, soit qu'il les ait perdus tous lorsqu'il en a été tiré plusieurs, soit qu'il n'en ait été tiré qu'un seul exemplaire qui est perdu : que la lettre ait été acceptée ou non, il peut en exiger le payement, mais seulement : *a.* en *justifiant* par ses livres, s'il est commerçant, ou par tout autre moyen, s'il ne l'est pas, *de la propriété de la lettre*; *b.* en obtenant *une ordonnance du juge*; *c.* en donnant *caution.* La caution n'est engagée que pendant *trois ans,* quoique le tiré soit exposé pendant *cinq ans.* On a voulu faciliter la recherche d'une caution : d'ailleurs, après trois ans, il est probable que le titre a été réellement perdu et non transmis à un tiers.

En cas de *refus de payement,* le propriétaire de la lettre de change perdue conserve tous ses droits par un acte de *protestation,* revêtu des mêmes formes que l'acte de protêt, sauf qu'il ne donne pas en tête de l'exploit la transcription littérale de la lettre. Il doit être fait le lendemain de l'échéance et notifié aux tiers et aux endosseurs, dans les formes et délais prescrits pour la notification du protêt.

Cas d'une lettre de change fausse. — Si la lettre de change est fausse, c'est-à-dire si la signature du tireur avait été usurpée, le tiré, qui s'en aperçoit, peut refuser de payer, soit qu'il ait, soit qu'il n'ait pas accepté. S'il a payé, il n'aura aucun recours contre le tireur, puisque celui-ci n'a jamais souscrit la lettre; il ne peut que poursuivre le faussaire. Mais il peut, selon nous, réclamer au porteur ce qu'il lui a payé : il a payé sans cause, a payé par erreur ce qu'il ne devait à aucun titre. Le porteur qui aura remboursé le prétendu tiré aura lui-même la *condictio indebiti* contre son endosseur; et de même tous les porteurs successifs, jusqu'à celui qui aura reçu la lettre du faussaire, lequel aura contre ce dernier un recours, il est vrai, souvent illusoire.

Quelles précautions doit prendre le tiré pour payer en toute sécurité. — Il doit :

1° *Se faire représenter le titre*, afin de vérifier si celui qui s'en dit propriétaire l'est bien véritablement.

2° Vérifier la signature de ceux des souscripteurs qu'il peut connaître, notamment celle du tireur et si toutes les signatures des endosseurs se suivent et se correspondent.

3° *Se faire remettre le titre*, pour ne pas être exposé à le payer une seconde fois.

4° Exiger le *pour acquit* et la *signature* du porteur auquel il fait le payement.

Conséquences du refus de payement. — Le refus de payement donne au porteur le droit de recourir *solidairement* contre ses garants. En fait, il exerce son recours contre son cédant immédiat qu'il connaît et dont il a suivi la foi.

Devoirs du porteur : — 1° Il doit *exiger le payement le jour de l'échéance*. Si la lettre est à vue, ou à un certain délai de vue, il doit la *présenter* dans les trois mois de sa date, sauf les délais de distance. Les délais de grâce sont abrogés ; les juges n'en peuvent accorder aucun.

2° En cas de refus de payement, *faire le protêt faute de payement*. Il n'en est dispensé ni par le protêt faute d'acceptation, s'il a eu lieu, ni par la mort ou la faillite du tiré. Il n'en est dispensé qu'en cas de force majeure ou de convention particulière expresse ou tacite. — Le protêt ou constatation authentique du refus de payer est dressé par deux notaires, ou par un notaire et deux témoins, ou par un huissier et deux témoins. Il doit être fait au *tiré*, lors même qu'il aurait refusé l'acceptation ; à l'*accepteur par intervention* ; aux *recommandataires* ou *besoins*, s'il y en a, au moins à ceux indiqués par le tireur. Le protêt doit être fait non à personne, mais *au domicile*. Si l'huissier ne trouve personne chez le tiré, il laissera le protêt à un voisin ou au maire. Si l'adresse était fausse, il fera un *acte de perquisition*. Il doit être fait autant de copies qu'il y a de parties, puisqu'il faut en laisser une à chacune d'elles. Les notaires et huissiers doivent copier les protêts sur un registre coté et paraphé, car ils sont exposés à beaucoup de risques de perte.

L'acte de protêt contient : 1° la transcription littérale de la lettre de change, de l'acceptation, des endossements, et des recommandations qui y sont indiqués ; 2° la sommation de payer le montant de la lettre de change. Il énonce : la présence ou l'absence de celui qui doit payer, les motifs du refus de payer et l'impuissance ou le refus de signer.

Le protêt doit être fait le *lendemain de l'échéance*. Si ce jour est un jour férié légal, il est fait le jour suivant.

3° *Dénoncer le protêt*, par acte d'huissier, aux différentes personnes obligées au payement, et les assigner en justice dans un délai de quinze jours. Il peut agir contre le tireur ou contre chacun des endosseurs, ou contre chacune des autres personnes obligées solidairement au payement. En pratique, la dénonciation et l'assignation en justice se font par le même acte. S'il y a clause de *retour sans frais*, le porteur est dispensé non seulement du protêt, mais encore des délais pour la dénonciation et l'assignation.

Droits du porteur contre le tiré. — a. *Si le tiré a accepté*, il est devenu débiteur direct, le porteur peut le poursuivre et même saisir conservatoirement ses effets mobiliers en vertu de la permission du président du tribunal de commerce ; b. *si le tiré n'a pas accepté*, le porteur ne peut agir contre lui que dans le cas où il a reçu provision, et comme exerçant les droits du tireur.

Droits et devoirs du porteur envers le tireur. — Le tireur est garant du payement de la lettre. Si le tiré refuse de payer, le porteur doit faire constater ce refus par un protêt le lendemain du jour de l'échéance, le notifier au tireur et l'assigner dans les *quinze* jours qui suivent la date du protêt. A défaut d'accomplissement de ces formalités, le porteur est déchu de ses droits contre le tireur, si celui-ci prouve qu'il y avait *provision* à l'échéance. Si le tireur ne fait pas cette preuve, il pourra être poursuivi ; et quand même il aurait fait la provision, il ne pourra pas opposer la déchéance au porteur s'il avait reçu par compte, compensation ou autrement, les fonds destinés au payement de la lettre de change.

Droits et devoirs du porteur envers les endosseurs. — A défaut de payement de la part du tiré, le porteur peut agir contre les endosseurs, contre chacun d'eux individuellement ou collectivement, en même temps que contre le tireur. Ils sont garants du payement à l'échéance. S'il agit contre l'un d'eux, il doit faire le protêt, le notifier et assigner dans la quinzaine du protêt. S'il exerce son recours à la fois contre le tireur et les endosseurs, il observe à l'égard de chacun d'eux lesdits délais. Si le porteur veut poursuivre le tireur ou le premier endosseur seulement, il doit agir contre lui dans la quinzaine à compter du lendemain du protêt; il ne pourrait pas cumuler les délais.

Lorsque le porteur n'a pas rempli les formalités soit du protêt, soit de la notification, soit de l'assignation dans les délais, il est déchu de tous ses droits contre les endosseurs, sans que ceux-ci soient tenus de faire la preuve qu'il y avait provision à l'échéance. Cependant les effets de la déchéance cessent en faveur du porteur contre l'endosseur qui, après l'expiration des délais fixés pour le protêt, la notification du protêt et la citation en justice, a reçu par compte, compensation ou autrement, les fonds destinés au payement de la lettre de change.

Si le tireur avait fait provision le porteur négligent ne peut pas, selon nous, le poursuivre en payement en prouvant que le tiré était en faillite à l'échéance.

Recours des coobligés entre eux. — 1° *Si le tiré a payé* avec la provision, la lettre de change a eu son issue naturelle. A-t-il payé sans provision, il a recours contre le tireur; et ce recours doit être exercé dans le délai de cinq ans. Si la lettre a été tirée pour le compte du donneur d'ordre, il exercera son recours contre ce dernier.

2° *Si le tireur a payé* sans avoir fait provision, il a bien et dûment payé : c'est à lui qu'incombait le payement. S'il avait fait provision, il aura un recours en remboursement et en dommages-intérêts contre le tiré, qui n'a pas exécuté le mandat qu'il avait accepté en recevant la provision; et en cas d'acceptation de la lettre, il y a contre lui au profit du tireur présomption qu'il y avait provision.

3° *Si un endosseur a payé*, il est subrogé aux droits du porteur. Il recourra contre le tiré s'il avait accepté, sinon contre le tireur et contre tous les endosseurs précédents, qui sont ses garants. La même faculté existe pour chacun des endosseurs à l'égard du tireur et des endosseurs qui le précèdent, pourvu que l'endosseur ait été forcé de payer au porteur diligent; et qu'il soit lui-même diligent : il doit, en principe, avoir la même diligence que le porteur.

4° *Si une caution* (*donneur d'aval, accepteur par intervention*), a payé, elle a recours contre celui qu'elle a cautionné et ensuite contre les garants de ce dernier.

De la retraite. — Le porteur d'une lettre de change protestée faute de payement doit adresser à son garant : 1° le principal de la lettre; 2° les intérêts de ce capital, lesquels courent de plein droit du jour du protêt; 3° les frais de protêt et autres légitimes, tels que commission de banque, courtage, timbres et ports de lettre; mais ici les intérêts de ces frais ne sont dus qu'à compter du jour de la demande en justice.

Ces frais sont, d'ordinaire, recouvrés amiablement par une *retraite* (traite en sens inverse de la première). La retraite est une nouvelle lettre de change, au moyen de laquelle le porteur se rembourse sur le tireur, ou sur l'un des endosseurs, du principal de la lettre protestée, de ses frais et du nouveau change qu'il paye, car il escompte sa retraite au lieu où le payement devait être fait et subit la retenue du change de ce lieu sur celui où la retraite est payable. C'est ce qu'on appelle le *rechange*; il se règle, à l'égard du tireur, par le cours du change du lieu où la lettre était payable, sur le lieu d'où elle a été tirée; et à l'égard des endosseurs, par le cours du change du lieu où la lettre de change a été remise ou négociée par eux, sur le lieu où le remboursement s'effectue. Le *rechange* s'effectue par une retraite.

La retraite est accompagnée d'un compte de retour comprenant : le principal de la lettre de change protestée; les frais de protêt et autres frais légitimes tels que commission de banque, courtage, etc. Il énonce le nom de celui sur qui la retraite est faite, et le prix du change auquel elle est négociée. Il est certifié par un agent de change. Il est accompagné de la lettre de change protestée, du protêt ou d'une expédition de l'acte de protêt. Dans le cas où la retraite est faite sur l'un des endosseurs, elle est accompagnée, en outre, d'un certificat qui constate le cours du change du lieu où la lettre de change était payable sur le lieu d'où elle a été tirée. Il ne peut être fait plusieurs comptes de retour sur une même lettre de change. Ce compte de retour est remboursé d'endosseur à endosseur respectivement, et définitivement par le tireur. Les rechanges ne peuvent être cumulés. Chaque endosseur n'en supporte qu'un seul, ainsi que le tireur. Le rechange sera, selon nous, celui que l'endosseur a payé lui-même, c.-à-d., celui du lieu où le payement devait avoir lieu sur son domicile à lui.

Payement par intervention. — C'est le payement fait par un tiers étranger à la lettre de change pour le compte de l'un des obligés, lorsque le tiré a refusé de payer la lettre de change, soit parce qu'il n'avait pas provision, soit pour tout autre motif, et que son refus a été constaté par un acte de protêt. On l'appelle aussi *payement sous protêt ou par honneur*. Il ne peut avoir lieu qu'après protêt de la lettre de change. Il est constaté dans l'acte de protêt ou à la suite de l'acte. Il peut avoir lieu non seulement pour le tireur ou pour l'un des endosseurs, mais encore pour l'accepteur, pour le donneur d'aval; en un mot, pour toute personne tenue du payement de la lettre de change. Le payeur par intervention doit indiquer celui pour lequel il paye pour se réserver son recours contre lui, soit comme mandataire s'il est désigné comme besoin, soit comme gérant d'affaires.

Subrogation du payeur par intervention. — Pour encourager le payement de la lettre de change, l'intervenant est *subrogé* de plein droit aux droits et actions du porteur contre celui pour lequel il a payé par intervention et contre ses garants. C'est là une faveur spéciale, car, d'après le droit commun de l'art. 1251, C. civ., l'intervenant ne serait pas subrogé de plein droit, car il n'était pas tenu personnellement au payement.

Effets. — 1° Si le payement par intervention est fait pour le compte du tireur, tous les endosseurs sont libérés : le tireur est garant de tous les endosseurs.

2° S'il est fait pour le compte d'un endosseur, tous les endosseurs postérieurs sont libérés.

3° Si plusieurs intervenants se présentent pour acquitter la dette, c'est celui qui opère le plus de libérations qui est préféré : celui qui offre de payer pour le tireur doit être préféré à celui qui offrirait de payer pour un des endosseurs; celui qui offre de payer pour le premier endosseur doit être préféré à celui qui offrirait de payer pour le second, etc.

4° Si le tiré paye par intervention, il doit être préféré à tous les autres s'il opère le même nombre de libérations. Le tiré a intérêt à payer par intervention, pour se réserver un recours soit contre les endosseurs, soit contre le tireur pour compte, dans le cas où la lettre a été tirée par un tiers pour le compte du donneur d'ordre. Il ne le pourra que s'il n'a pas accepté la traite; car, dès qu'il a accepté, il doit la payer pour son propre compte, puisqu'il s'est obligé directement vis-à-vis du porteur.

DIFFÉRENCES ENTRE

Le **payement en droit commun**	et Le **payement de la lettre de change.**
1° Le débiteur peut renoncer au bénéfice du terme, qui est toujours présumé stipulé en sa faveur.	Le porteur d'une lettre de change ne peut être contraint d'en recevoir le payement avant l'échéance.
2° Le débiteur ne peut pas être forcé de recevoir un payement partiel.	Le porteur est forcé de recevoir le payement partiel de la lettre de change. Il fait protester la lettre pour le surplus.
3° Le débiteur qui paye à un incapable ou à celui qui n'est pas propriétaire de la créance est obligé de payer de nouveau.	Le tiré qui paye normalement est présumé valablement libéré : devant payer immédiatement sous peine de protêt, il ne peut pas vérifier la capacité du porteur.
4° L'opposition ou la saisie-arrêt peut émaner de toute personne intéressée à ce que le payement n'ait pas eu lieu.	L'opposition au payement n'est admise qu'en cas de perte de la lettre de change ou de faillite du porteur.
5° Les juges peuvent accorder un délai de grâce au débiteur.	Aucun délai de grâce ne peut être accordé.
6° Le créancier n'est pas tenu d'exiger le payement le jour de l'échéance.	Le porteur doit l'exiger, sous peine d'encourir certaines déchéances.

DU BILLET A ORDRE. — C'est un écrit par lequel une personne promet de payer, à une époque déterminée, une certaine somme à une autre personne ou *à son ordre*.

Forme. — Le billet à ordre est daté. Il énonce la somme à payer; le nom de celui à l'ordre de qui il est souscrit; l'époque à laquelle le payement doit s'effectuer; la valeur qui a été fournie en espèces, en marchandises, en compte, ou de toute autre manière. Il faut ajouter : le nom du souscripteur. La mention du *bon* ou *approuvé*, dans le cas où le corps du billet n'est pas rédigé en entier de la main du signataire, n'est pas, selon nous, exigée, quand même le billet émanerait d'un non commerçant.

Effets. — Les dispositions relatives aux lettres de change, et concernant : l'échéance, l'endossement, la solidarité, l'aval, le payement, le payement par intervention, le protêt, les devoirs et droits du porteur, le rechange ou les intérêts, sont applicables aux billets à ordre. — *Exceptions.* 1° Il n'y a pas lieu à *acceptation* : le billet à ordre doit être acquitté par le souscripteur lui-même : 2° il n'y a pas lieu à *provision* pour la même raison; 3° il n'y a pas lieu à la *prescription* de cinq ans, lorsque le billet est civil. Controversé de savoir s'il faut admettre l'interdiction des *délais de grâce*, et si les intérêts courent du jour du procès ? oui, selon nous.

Compétence. — 1° Si le billet à ordre est souscrit par un commerçant et pour un acte de commerce, il est de la compétence du tribunal de commerce; 2° si le billet à ordre est souscrit pour cause civile, il n'est pas en principe de la compétence du tribunal de commerce, lequel, toutefois ne doit se dessaisir que s'il en est requis par le défendeur; 3° si la lettre de change ou le billet à ordre porte en même temps des signatures d'individus négociants et d'individus non négociants, le tribunal de commerce en connaît : le caractère mixte du billet ne permet pas de saisir le tribunal civil, cela, même dans le cas où les non négociants seraient seuls poursuivis.

DU BILLET A DOMICILE. — C'est une espèce de billet à ordre, payable dans un autre lieu que dans celui où il a été souscrit. Comme dans le billet à ordre, et à l'inverse de la lettre de change, il n'y a que deux personnes, le souscripteur et le bénéficiaire. A défaut de dispositions spéciales édictées par la loi, on applique les règles de la lettre de change. Il n'est pas, selon nous, un acte commercial par lui-même, donc, ne soumet pas, dans tous les cas, le souscripteur à la juridiction commerciale.

On distingue encore : 1° *Le billet au porteur*, qui contient la promesse de payer une certaine somme au porteur du billet, sans indication du créancier qui en a fourni la valeur; la propriété s'en transmet par la remise du titre, et il est payable au porteur. — 2° *Le billet en blanc*, qui contient seulement la signature du souscripteur avec son *bon* ou *approuvé*. — 3° Le *mandat*, écrit par lequel le souscripteur charge une personne de faire un payement à un tiers. Il n'est pas assujetti aux formalités exigées pour la lettre de change.

DIFFÉRENCES ENTRE

La **lettre de change**	et Le **billet à ordre**.
1° Elle constitue nécessairement un acte de commerce.	Il peut avoir une cause civile. Mais si la cause n'est pas exprimée, et que le billet émane d'un commerçant, le Code établit une présomption de commercialité.
2° Elle implique l'intervention de trois personnes, au moins, le tireur, le preneur, et le tiré.	Le tiré se confond avec le tireur dans la personne du souscripteur.
3° Elle est nécessairement tirée d'un lieu sur un autre, il y a une remise d'argent faite de place en place.	Il n'est pas tiré d'un lieu sur un autre.
4° Elle est habituellement acceptée par le tiré.	L'acceptation ne se conçoit pas; elle est payable par le souscripteur.
5° Elle comporte l'existence d'une provision.	Il n'y a jamais lieu à provision.
6° Elle est toujours prescrite par le délai de cinq ans.	Il n'y a pas lieu à cette prescription lorsque le billet est civil
7° Elle est nécessairement justiciable du tribunal de commerce.	Il n'en est justiciable que s'il est souscrit par un commerçant et pour acte de commerce.
8° ~~La date~~ doit contenir le lieu d'émission.	Il suffit de la date proprement dite.

Prescription. — Toutes actions relatives aux lettres de change, et à ceux des billets à ordre souscrits par des négociants, marchands ou banquiers, se prescrivent par *cinq ans*, à compter du jour du protêt, ou de la dernière poursuite juridique, s'il n'y a eu condamnation, ou si la dette n'a été reconnue par acte séparé. Il y a *présomption de payement* ; mais le créancier peut combattre la prescription au moyen de la délation du serment.

Causes d'interruption. — La prescription peut être combattue : *a.* par une *poursuite en justice*. Le jugement opérant *novation* de la créance, elle ne sera plus désormais prescriptible que par trente ans; *b.* par la *reconnaissance de la dette*, pourvu qu'elle soit faite par acte séparé : on ne pourrait pas la prouver par témoins; 3° par l'*admission* au passif d'une faillite. Si l'admission est prononcée sans réclamation, il y a reconnaissance volontaire: si elle est ordonnée par le tribunal après contestation, il y a reconnaissance judiciaire, et cette nouvelle prescription aura pour point de départ la fin de la faillite, soit par un concordat, soit par la clôture de l'union.

Un *protêt* tardif intervenant lorsque la prescription a commencé à courir n'interromprait pas, selon nous, la prescription.

Causes de suspension. — La seule cause est la *force majeure*. Les tribunaux apprécieront. Elle n'est pas suspendue par la minorité ni l'interdiction, qui ne suspendent pas, d'ailleurs, les courtes prescriptions.

DES CHÈQUES. — Le chèque est l'écrit qui, sous la forme d'un mandat de payement, sert au tireur à effectuer le retrait, à son profit, ou au profit d'un tiers, de tout ou partie de fonds portés au crédit de son compte chez le tiré, et disponibles. C'est un instrument non de crédit, comme la lettre de change, mais de *liquidation* et de *payement*; il suppose une *provision préalable*.

Importé d'Angleterre où il fonctionne dans les comptoirs de compensation (*Clearing-Houses*), quand il est *à ordre*, c.-à-d. négociable par la voie de l'endossement, et payable à présentation, il permet au banquier de remplir le rôle de caissier pour ses clients qui lui confient leurs capitaux.

— S'il est *au porteur*, ou négociable par voie d'endossement, il permet au preneur de le céder à un tiers, ou bien de charger son banquier d'en faire le recouvrement à sa place, et de lui tenir compte de la somme encaissée.

Le chèque implique l'existence d'une *provision* préalable et est *payable à vue*. Il est réglementé par la loi du 14 juin 1865, complétée par la loi du 23 août 1871, qui a imposé aux chèques un droit de timbre fixe de 10 cent., quelle que soit la somme y énoncée, et par la loi du 19 février 1874, qui a doublé ce droit de timbre pour les chèques de place à place.

FORME. — Le chèque doit contenir : 1° Le *nom du tireur*, qui est indiqué par sa signature ; 2° le *nom du tiré*, comme dans la lettre de change : 3° le *nom du preneur* ; le chèque pouvant être à personne dénommée n'est pas nécessairement accompagné de la clause à ordre, comme dans la lettre de change ; 4° la *somme à payer* ; la mention du *bon* ou *approuvé* n'est pas nécessaire, même dans le cas où le chèque n'est pas signé par celui qui l'a écrit ; 5° la *date* : elle est utile : *a*. pour constater si, à l'époque où il a été tiré, la *provision* existait ; *b*. il ne peut être tiré qu'*à vue* ; *c*. le porteur du chèque doit en réclamer le payement dans les huit ou cinq jours, suivant qu'il est ou non tiré d'une place sur une autre. La loi du 19 février 1874 exige que la date du jour soit inscrite en toutes lettres et de la main de celui qui l'a écrit ; 6° le *lieu d'où il est émis*. Cette indication a été prescrite par la loi du 19 février 1874, laquelle assujettit les chèques de place à place à un droit de timbre plus élevé que les chèques sur place, et impose au tireur une amende lorsqu'il y a supposition du lieu dans lequel le chèque est tiré.

EFFETS. — Les dispositions du Code de commerce relatives à la *garantie solidaire* du tireur et des endosseurs, au *protêt* et à *l'exercice de l'action en garantie*, en matière de lettres de change, sont applicables au chèque. Toutefois, alors que la lettre de change à vue peut être présentée dans les trois mois, le porteur d'un chèque doit en réclamer le payement dans le délai de *cinq jours*, y compris le jour de la date, si le chèque est tiré de la place sur laquelle il est payable, et dans le délai de *huit jours*, y compris le jour de la date, s'il est tiré d'un autre lieu, cela, sous peine de perdre son recours contre les endosseurs, et contre le tireur, si la provision a péri par le fait du tiré, après lesdits délais.

Chèque-mandat, *chèque-récépissé*. — Le chèque réglementé par la loi du 14 juin 1865 est le chèque-mandat, instrument de retrait, écrit en forme de mandat de payement. — La pratique connaît aussi le *chèque-récépissé*, qui a la forme d'un simple reçu, d'une quittance donnée par le propriétaire d'une somme d'argent au débiteur de cette somme. Il est transmissible de la main à la main, sans transport ni endossement : il peut être payable à vue ou à échéance déterminée.

Dans la pratique, celui qui dépose une somme chez un banquier reçoit deux carnets, l'un appelé *carnet de compte*, l'autre *carnet de chèque* ou *chéquier*. Le carnet de chèque se compose d'un registre à souche divisé en deux parties : l'une destinée à être détachée et mise en circulation, c'est le *chèque* ; l'autre, destinée à former souche. Le carnet de compte indique le mouvement des opérations du compte courant. Le déposant a-t-il un payement à faire, il détache un feuillet du chéquier, y inscrit la somme dont il a besoin et remet ce chèque à son créancier, qui ira le toucher à la banque où les fonds sont déposés.

DIFFÉRENCES ENTRE

Le chèque	et	La lettre de change.
1° Il est un instrument de retrait, de liquidation, de payement.		Elle est un instrument de crédit.
2° Il implique l'existence d'une provision préalable, qui doit rester intacte jusqu'au payement effectué.		Elle n'implique pas l'existence d'une provision.
3° Il peut ne pas contenir la remise de place en place.		Elle la contient nécessairement ; elle doit être tirée d'un lieu sur un autre.
4° Il n'est pas, par lui-même, un acte de commerce.		Elle est, par elle même, un acte de commerce.
5° Le nom du preneur ne doit pas obligatoirement être accompagné de la clause à ordre.		Il doit être accompagné de cette clause.
6° Il est assujetti à un droit de timbre fixe (0 fr. 20 c. pour le chèque de place à place ; (0 fr. 10 c. pour le chèque sur place).		Elle est assujettie à un droit de timbre qui est toujours proportionnel.
7° Le porteur doit en réclamer le payement dans un délai de cinq à huit jours qui ne peut être prolongé.		Le porteur d'une lettre de change à vue doit en réclamer le payement dans les trois mois de sa date, sous peine d'encourir certaines déchéances. Ce délai est prolongé à raison des distances.
8° L'endossement en blanc, s'il est daté, s'il prime la valeur fournie et énonce le nom de celui à l'ordre de qui il est passé, produit les effets d'un endossement régulier, c.-à-d. suffit pour transférer la propriété.		L'endossement en blanc ne vaut que comme procuration.

DES OPÉRATIONS DE BANQUE

Les banquiers font des *opérations de banque*, c.-à-d. des bénéfices sur le numéraire, sur les papiers commerçables et les effets publics ; des *opérations de change*, échangent de l'argent contre du papier payable dans un autre endroit; des *arbitrages*, achètent le papier déprécié sur une place, pour le revendre sur une autre place, où il est recherché : l'*escompte* des lettres de change, des billets à ordre, payent le montant de ces effets par anticipation en retenant les intérêts de cette somme jusqu'à l'échéance (*l'interusurium*) ; les *recouvrements* des effets, font présenter au payement ou à l'acceptation les valeurs qui leur sont remises, cela, moyennant une commission ou salaire fixé à tant 0/0 ; des *lettres de crédit*, mandats par lesquels ils autorisent leur correspondant dans un autre lieu à faire des avances jusqu'à concurrence d'une certaine somme et à les recouvrer ensuite sur eux-mêmes : des *ouvertures de crédit*, s'engagent à fournir aux commerçants ou à d'autres personnes de l'argent jusqu'à concurrence d'une certaine somme. Ces conventions lient le banquier, qui ne peut plus refuser l'argent promis ; mais le client est libre de prendre la somme qu'il veut ou de ne rien prendre du tout. Si le banquier qui ouvre un crédit se fait constituer une hypothèque et prend inscription immédiatement, l'hypothèque aura rang du jour de cette inscription : une créance éventuelle peut servir de base à une hypothèque.

Du compte courant. — C'est un contrat par lequel l'un des contractants remet à l'autre contractant de l'argent ou des valeurs non spécialement affectés à un emploi déterminé, à la seule charge d'en créditer le commettant, sauf règlement par compensation à due concurrence, des remises respectives sur la masse entière du crédit et du débit. Il permet à chacun des deux correspondants de disposer librement des fonds qu'il doit à l'autre, au lieu de les garder improductifs, pourvu qu'il ait en caisse de quoi payer le solde au moment où il sera exigible.

Conditions. — Le compte courant implique : 1° La remise d'une somme d'argent ou d'une valeur, en toute propriété, à la charge d'en créditer le remettant ; 2° la remise doit être faite, sauf règlement, par compensation, à due concurrence des remises respectives sur la masse entière du débit et du crédit, le tout, conformément à l'intention des parties.

Effets. — 1° Le crédit n'est donné par celui qui reçoit l'effet que, *sauf encaissement*, c-à-d. à la condition que l'effet sera payé ; 2° chaque remise porte *intérêt de plein droit* entre commerçants à raison de 6 0/0 par an, à dater du jour de l'encaissement; quant aux intérêts échus du compte, il n'est besoin ni d'une demande judiciaire, ni d'une convention spéciale pour les faire capitaliser : le compte courant s'augmente chaque année de plein droit de la capitalisation des intérêts. Si le compte courant est commercial, le taux sera de 6 0/0 : s'il est civil, de 5 0/0 ; 3° le compte courant produit un *effet novatoire*, en ce sens que les créances portées au compte courant perdent immédiatement leur existence propre : elles sont éteintes et remplacées par la créance du solde, qui peut avoir des caractères bien différents. Ainsi, une créance née d'une lettre de change portée dans un compte courant deviendra prescriptible par trente ans ; 4° le compte courant n'est pas, par lui-même un *acte de commerce*, il ne peut être commercial qu'en vertu de la théorie de l'accessoire ; 5° les intérêts des sommes portées en compte courant peuvent être *capitalisés à des intervalles moindres d'une année*, et par ex. au moyen de règlements de compte opérés de six mois en six mois, suivant les usages du commerce, ou même arrêtés à des termes périodiques plus courts, s'il y a consentement du crédité.

De la Banque de France. — C'est une banque privée fondée par actions en 1800 au capital de 182 millions. Ses rapports avec l'État l'ont fait assujettir à des règlements particuliers. En 1806, on place à sa tête un gouverneur nommé par l'État. En 1808, un décret fixe à nouveau ses statuts, et un décret de la même année l'autorise à établir des succursales dans les départements.

Opérations. — 1° Elle a le privilège *d'émettre seule les billets de banque* payables au porteur et à vue. Grâce à ce privilège, son encaisse se chiffre par un milliard en espèces qu'elle a dans ses caves, et son bilan dépasse deux milliards.

2° Elle *escompte les effets de commerce*. Toutefois, pour être admis à l'escompte, l'effet doit être revêtu de trois signatures. Elle a la liberté d'élever son escompte au delà de 6 0/0.

3° Elle *encaisse les effets* qui lui sont remis.

4° Elle *fait des avances* sur les rentes, actions et obligations des chemins de fer français et obligations de la ville de Paris.

5° Elle *reçoit en compte courant* les sommes qui lui sont versées par les particuliers.

Aux termes de la loi du 9 juin 1857, l'État a le droit d'exiger qu'elle établisse des succursales dans tous les départements; en compensation, son privilège lui a été prolongé jusqu'à la fin de l'année 1897.

Appendice. — **Des titres au porteur perdus ou volés.** — Pour combler la lacune que présentait la législation sur les titres au porteur, dont le propriétaire, en cas de perte ou de vol, ou de destruction par cas fortuit, voyait son droit sinon anéanti, au moins paralysé pendant une longue période de temps, la loi du 8 juin 1872 a introduit les innovations suivantes :

1° Le propriétaire d'un titre au porteur doit, lorsqu'il en est dépossédé, faire de suite notifier par huissier deux *oppositions*, l'une à l'établissement débiteur (à la compagnie), à l'effet d'empêcher le payement des intérêts ou dividendes: l'autre, au syndicat des agents de change de Paris, à l'effet d'empêcher la négociation du titre perdu.

2° Ces oppositions doivent indiquer le nombre, la nature, la valeur nominale, le numéro, et, s'il y a lieu, la série des titres avec toutes les circonstances relatives à son acquisition et à sa dépossession, ainsi qu'une élection de domicile dans la commune du siège de l'établissement débiteur.

3° Le numéro du titre doit, en outre, être publié un jour franc, au plus tard, par le syndicat des agents de change de Paris, dans un *Bulletin quotidien* établi et publié dans les formes déterminées par un règlement d'administration publique.

4° A la suite de ces oppositions, *s'il ne se présente personne* pour réclamer le titre déclaré perdu, l'opposant (lorsqu'il s'est écoulé *une année* depuis la déclaration de sa dépossession, sans que les titres déclarés perdus aient été présentés à l'établissement débiteur, bien que, dans cet intervalle, deux termes au moins d'intérêts ou de dividendes aient été mis en distribution) peut se pourvoir devant le président du tribunal civil, à l'effet d'obtenir l'autorisation de toucher les coupons ou le capital, s'il est exigible.

5° Le président accorde ou refuse l'autorisation, suivant les circonstances.

6° S'il la refuse, l'opposant peut saisir, par voie de requête, le tribunal civil de son domicile, qui statuera après avoir entendu le ministère public; la Cour d'appel peut, d'ailleurs, être saisie par voie de requête.

7° S'il l'accorde, l'opposant doit encore, pour toucher les coupons échus ou le capital devenu exigible, fournir une *caution* solvable, qui sera tenue de restituer les sommes perçues par l'opposant, dans le cas où il se présenterait un porteur légitime du titre. La caution peut être remplacée par un nantissement ou par un dépôt à la Caisse des dépôts et consignations des sommes à toucher. Ces garanties ne sont exigées que pendant *deux ans*, à partir de l'autorisation du président, pour les annuités; et, pour le capital, s'il vient à remboursement, pendant *dix ans* à partir de son exigibilité, et *cinq ans* à partir de l'autorisation du président.

8° Après l'accomplissement de ces formalités, l'établissement qui paye l'opposant, désormais investi de la possession légale de la créance résultant des titres, est libéré définitivement envers tout tiers porteur qui se présenterait ultérieurement, lequel n'aurait plus qu'une action personnelle contre l'opposant, qui aurait formé son opposition sans cause.

9° Lorsque le capital n'est pas encore exigible, l'opposant peut exiger un *duplicata* de l'établissement débiteur : *a.* s'il s'est écoulé dix ans sans réclamation depuis l'autorisation du juge, et que, dans chacune de ces dix années, l'établissement ait mis en distribution des dividendes ou intérêts; *b.* s'il a été donné pendant ce temps au numéro du titre perdu une publicité permanante : *c.* et si l'opposant garantit, par un dépôt ou par une caution, que le numéro du titre perdu sera, à l'avenir, publié pendant dix ans au *Bulletin quotidien*, avec une mention spéciale indiquant qu'il est frappé de déchéance. Le *duplicata* confère les mêmes droits que le titre primitif et est négociable dans les mêmes conditions. Le titre primitif est frappé de déchéance, et le tiers porteur qui le représenterait après la remise du nouveau titre à l'opposant n'aurait qu'une action personnelle contre celui-ci, au cas où son opposition aurait été faite sans droit.

10° *S'il se présente un tiers* porteur du titre déclaré perdu, avant la libération de l'établissement débiteur, la justice statue et les effets de l'opposition sont suspendus; l'établissement doit, d'ailleurs, retenir le titre contre un récépissé remis au porteur et en informer de suite l'opposant.

11° Si la négociation ou la transmission du titre est *postérieure* au jour où le *Bulletin quotidien* est arrivé ou aurait pu parvenir, si on y avait été abonné, dans le lieu où elle a été faite, elle n'a aucun effet vis-à-vis de l'opposant. Mais le tiers porteur peut contester l'opposition, soit comme irrégulière en la forme, soit comme faite sans droit. L'opposant devra alors prouver, par les modes ordinaires, qu'il était propriétaire du titre.

12° Si la négociation ou la transmission du titre est *antérieure* à la publication de l'opposition, la tradition qui en a été faite même *a non domino* en a transféré la propriété à l'acquéreur de bonne foi, en vertu de la règle : *en fait de meubles, possession vaut titre.* L'art. 2279 contient, il est vrai, une exception à cette règle pour les deux cas de perte ou de vol; mais la loi n'accorde au propriétaire que *trois ans* pour revendiquer son titre : et encore, s'il se trouve en présence d'un possesseur de bonne foi, qui l'a acheté dans un marché public ou d'un marchand vendant des choses semblables, par ex., d'un changeur, il ne peut se le faire rendre qu'en remboursant le prix qu'il a coûté (art. 2280, C. civ.).

13° Le tiers porteur pouvant exercer tous les droits de son cédant, si celui-ci a acheté lui-même les titres *avant la publication de l'opposition*, son cessionnaire, eût-il même acheté à une époque où l'opposition pouvait être connue, sera fondé, au même titre que l'aurait été son cédant lui-même, à repousser l'action du revendiquant.

14° Le tiers porteur peut, en outre, recouvrir contre son agent de change, mais seulement si celui-ci est en faute, c.-à-d., si la publication de l'opposition a eu lieu dans le bulletin, ou s'il a reçu personnellement la signification de l'opposition.

15° La loi du 15 juin 1872 n'est pas applicable aux billets de la Banque de France, ni aux rentes et aux autres titres au porteur émis par l'État : les billets de banque doivent circuler comme la monnaie : et les rentes sur l'État ne sont passibles d'aucune opposition. Toutefois, les porteurs de titres de rentes dépossédés peuvent recevoir du Trésor un *duplicata* moyennant le versement d'un cautionnement égal à la valeur de ces titres en principal, augmenté de cinq ans d'intérêts.

16° La loi de 1872, provoquée par les destructions, les vols et les incendies de la guerre et de la Commune (1870 et 1871), n'a pas d'effet rétroactif.

LIVRE DEUXIÈME

DU COMMERCE MARITIME

Le *commerce maritime* fait l'objet du livre II, dont les principales dispositions ont été empruntées à l'ordonnance de 1681.

Des navires. — Le navire, bâtiment en bois ou en fer destiné à voguer sur la mer, est un meuble. Sa capacité se calcule par le *jaugeage.* Vu son importance, il n'est pas, comme les meubles corporels, soumis à la règle : en fait de meubles, possession vaut titre (art. 2279, C. civ.); et la saisie et la vente en sont déterminées par des règles spéciales, etc.

Il est, comme les autres biens du débiteur, le gage commun de ses créanciers. Toutefois, certaines créances sont privilégiées et la loi énumère le rang de chacune d'elles. Ces privilèges s'éteignent avec l'obligation qu'ils garantissent, et, en outre, quand la vente est faite par autorité de justice, après saisie. La vente d'un navire doit être rédigée par acte authentique ou sous seings privés.

De la saisie et vente des navires. — Le navire peut être saisi et vendu par autorité de justice, à moins qu'il ne soit *prêt à faire voile*, auquel cas il n'est saisissable qu'à raison des dettes contractées pour le voyage qu'il va faire. La saisie est précédée d'un commandement qui doit être fait à la personne ou au domicile du débiteur, si la créance n'est pas privilégiée sur le navire. Dans le cas contraire, il peut être fait au capitaine. Il est procédé à la saisie dans la forme des saisies des meubles, vingt-quatre heures au plus tôt après le commandement. Le saisissant doit notifier au saisi le procès-verbal de saisie et l'assigner à comparaître, dans le délai de trois jours, devant le tribunal civil. Si la saisie porte sur un bâtiment de plus de dix tonneaux la vente est faite devant un juge commis d'office; sinon, l'adjudication se fait à l'audience. L'adjudicataire doit payer au saisissant le prix de l'adjudication dans le délai de vingt-quatre heures ; et en cas d'opposition, consigner le prix au greffe du tribunal de commerce. A défaut, le bâtiment est remis en vente à folle enchère de l'adjudicataire. Le prix est distribué, entre les créanciers privilégiés, dans l'ordre déterminé par la loi, et entre les autres créanciers, au marc le franc. Le véritable propriétaire peut former une demande en *distraction*, si, dans la saisie du navire, on a saisi des objets lui appartenant.

Des propriétaires de navires. — Le propriétaire armateur est civilement responsable des faits et engagements du capitaine; mais il peut s'en affranchir par l'abandon du navire et du fret, à moins qu'il ne soit capitaine et propriétaire ou copropriétaire du navire, car il est obligé personnellement. — En cas de copropriété du navire, la majorité dans les délibérations est déterminée non par le nombre des votants, mais par l'intérêt de chacun dans le navire ; toutefois, en ce qui concerne l'assurance, chacun des copropriétaires peut faire assurer sa part sans pouvoir y être contraint. Dans le cas où le navire appartient à plusieurs, la licitation ne peut être accordée que sur la demande des propriétaires formant ensemble la moitié de l'intérêt total dans le navire, à moins de convention contraire rédigée par écrit.

Quand un navire est mis à l'eau, il doit obtenir de la régie un *acte de francisation*, formalité constatant que le navire est d'origine française. Le navire a aussi un domicile légal, c'est son *port d'attache*, où il est immatriculé, comme les marins eux-mêmes, et au bureau de l'inscription maritime et au bureau des douanes. Les étrangers ne peuvent être propriétaires de navires français, qu'à la condition que la moitié au moins de la propriété de ces navires appartienne à des Français.

Hypothèque des navires. — Créée par la loi du 10 décembre 1874, comme moyen de crédit, elle est conventionnelle, ne peut être constituée sur des navires de moins de vingt tonneaux, et s'étend à moins de convention contraire, au corps du navire, aux agrès, apparaux, machines et autres accessoires. Elle peut grever même les navires en construction.

Forme. — Il faut un écrit, mais il peut être sous signatures privées. Le mandat à l'effet de la constituer doit être spécial, il n'est pas nécessaire qu'il soit authentique. L'acte s. s. privé peut être enregistré au droit fixe de 2 francs (la constitution d'hypothèque est un acte commercial).

Publicité. — L'hypothèque des navires est soumise à l'inscription, comme celle des immeubles. Elle n'a de rang qu'à la date de son inscription, laquelle garantit, au même rang que le capital, deux années d'intérêts, outre l'année courante.

L'inscription doit être faite sur un registre spécial tenu par le receveur des douanes du lieu où le navire est immatriculé, et mentionné par le receveur des douanes au dos de l'acte de francisation. Le receveur des douanes est tenu de délivrer, à tous ceux qui le requièrent, l'état des inscriptions subsistant sur un navire, ou un certificat qu'il n'en existe aucune.

Les formalités de l'inscription, à peu près les mêmes qu'en matière d'immeubles, consistent dans la présentation du titre constitutif en original ou en expédition, avec deux bordereaux contenant toutes les indications nécessaires à l'inscription. L'un des bordereaux reste entre les mains du receveur des douanes, l'autre est rendu au requérant avec mention de l'inscription faite : la même mention est faite sur le titre constitutif. Les bordereaux doivent être signés par le requérant.

Le propriétaire du navire peut l'hypothéquer au cours du voyage, à la condition de faire avant le départ une déclaration de la somme pour laquelle il veut user de cette faculté : alors, l'inscription des hypothèques sur l'acte de francisation suffira pour assurer leur rang avec une mention sur les registres du lieu où l'hypothèque est consentie; la loi indique les agents qui, hors de France, pourront faire cette inscription.

Si le titre constitutif de l'hypothèque est à ordre, sa négociation par voie d'endossement emporte la translation du droit hypothécaire.

Droit de préférence et droit de suite. — Le droit des créanciers s'exerce non seulement sur le navire, mais encore sur ses accessoires. En cas de perte ou d'innavigabilité, il s'exerce sur le produit des assurances faites par l'emprunteur sur le navire hypothéqué. L'inscription de l'hypothèque vaut opposition au payement de l'indemnité d'assurance; les assureurs ne pourront donc valablement se libérer qu'entre les mains des créanciers, quand même ceux-ci n'auraient fait aucunes diligences spéciales.

Le *droit de préférence* des créanciers hypothécaires s'exerce, comme de droit commun, après celui des créanciers privilégiés. Pour garantir ce droit de préférence, la loi a supprimé le privilège résultant du prêt à la grosse avant le voyage.

Le droit de suite est soumis à des règles spéciales : *a.* le créancier qui n'a hypothèque que sur une portion du navire ne peut vendre que cette portion, sauf dans le cas où plus de la moitié lui serait hypothéquée; *b.* l'effet déclaratif du partage n'est pas applicable : la rétroactivité aurait enlevé tout crédit aux divers copropriétaires du navire. Toutefois, si l'indivision provient d'une succession ou d'une communauté, la règle de l'effet déclaratif du partage reste applicable.

Purge. — La purge, formalité au moyen de laquelle l'acquéreur du navire évite le droit de suite exercé par les créanciers hypothécaires de son vendeur, procède des règles du Code civil pour la purge des hypothèques existant sur les immeubles. Elle consiste dans des notifications faites aux créanciers hypothécaires, avec offre de payer le prix d'acquisition entre leurs mains; et dans le droit, pour les créanciers même non hypothécaires, de faire une surenchère du dixième dans les dix jours des significations. Faute de surenchère, le prix est irrévocablement fixé à l'égard des créanciers; en cas de surenchère, il se trouve définitivement fixé par l'adjudication, qui en est la suite. Le prix est réparti entre les créanciers, soit à l'amiable, soit dans un ordre judiciaire. La réquisition de mise aux enchères n'est pas admise en cas de vente judiciaire.

Radiation. — Elle a lieu, soit du consentement des parties, soit en vertu d'un jugement en dernier ressort ou passé en force de chose jugée. Pour la radiation volontaire, il faut un acte authentique de consentement donné par le créancier ou son cessionnaire justifiant de ses droits; cette authenticité est exigée comme garantie de l'identité du créancier consentant à la radiation.

La radiation est mentionnée, en outre, sur l'acte constitutif, s'il est sous seing privé ou reçu en brevet, et il doit être représenté à cet effet. S'il est reçu en minute, on n'exige pas la représentation d'une nouvelle expédition. La radiation est aussi mentionnée sur l'acte de francisation, quand il revient entre les mains du receveur des douanes.

L'effet des inscriptions est périmé par un délai de trois ans (au lieu de dix ans, comme en droit civil).

Du capitaine. — Le capitaine, chef du navire, est nommé par le propriétaire ou par l'armateur quand le navire est loué par le propriétaire. Choisi parmi les personnes pourvues de lettres de commandement ou d'admission, il est le gérant responsable de tous les intérêts du navire; salarié, il est responsable de ses fautes même légères, et sa responsabilité ne cesse que par la preuve de la force majeure.

a. Avant le départ, il forme l'équipage du navire, choisit et loue les matelots et autres gens de l'équipage. Il doit faire son choix de concert avec l'armateur quand il est dans le lieu de la demeure de ce dernier. Il est tenu, avant de prendre charge, de faire visiter le navire, à l'effet de savoir s'il est capable de tenir la mer. Il est responsable des marchandises dont il se charge, et il doit en fournir une reconnaissance au moyen du connaissement, qui constate la remise des marchandises à lui faite. Il ne peut, sauf convention contraire, charger sur le navire aucune marchandise pour son compte, sans permission de l'armateur et sans en payer le fret. Il est tenu d'avoir à bord : l'acte de propriété du navire; l'acte de francisation; le rôle d'équipage; les connaissements, et de tenir le *livre de bord;* le tout, sous peine d'être responsable des événements envers les intéressés au navire et au chargement. Il ne peut, dans le lieu de la demeure des propriétaires, sans leur autorisation spéciale, faire travailler au radoub du bâtiment, acheter des voiles pour le bâtiment, prendre à cet effet de l'argent sur le corps du navire, ni fréter le navire, sous peine de nullité, à l'égard du propriétaire, des obligations contractées sur les lieux sans son consentement par le capitaine. Cependant, si le propriétaire en avait réellement profité, les tiers auraient contre lui l'action résultant de la gestion d'affaires. Si le bâtiment est frété du consentement des propriétaires, et que quelques-uns d'eux fassent refus de contribuer aux frais nécessaires pour l'expédition, le capitaine pourra, en ce cas, vingt-quatre heures après sommation faite aux refusants de fournir leur contingent, emprunter hypothécairement pour leur compte, sur leur part dans le navire avec autorisation du juge (Loi du 10 déc. 1874).

b. Pendant le voyage, le capitaine est tenu d'être en personne sur son navire à l'entrée et à la sortie des ports, sous peine d'être responsable des suites de sa négligence: pendant le voyage, il peut, sous certaines conditions, emprunter sur le corps et à la quille du navire, même mettre en gage ou vendre des marchandises jusqu'à concurrence des besoins constatés, le tout sous sa responsabilité. Il ne peut, sauf le cas d'innavigabilité, vendre le navire. Quand il navigue *à profit commun sur le chargement*, il ne peut, à moins de convention contraire, faire aucun trafic ni commerce pour son compte particulier, à peine de confiscation, au profit des intéressés, des marchandises embarquées pour son compte. S'il aborde dans un port étranger, il fait un rapport au consul de France et en reçoit un certificat.

c. A l'arrivée, il est tenu de faire viser son livre de bord et de faire son rapport, le tout dans les vingt-quatre heures de son arrivée.

Les fonctions du capitaine cessent s'il est congédié par le propriétaire armateur; il peut l'être sans indemnité, à moins de convention par écrit. Si le capitaine congédié est propriétaire du navire, il peut renoncer à la copropriété et exiger le remboursement du capital qui la représente, d'après une estimation faite par experts. Ses fonctions cessent encore par l'adjudication sur saisie du navire, sauf à lui à se faire indemniser par qui de droit, s'il y a lieu.

De l'engagement des matelots et gens de l'équipage. — Le contrat qui intervient entre les matelots et le capitaine, et qui se nomme *engagement,* participe tantôt du louage de services, tantôt de la société. Il peut avoir lieu : 1° *au mois*, le salaire étant proportionnel au temps: le matelot doit servir pendant tout le voyage et est payé proportionnellement au temps qu'il a duré; 2° *au voyage*, les salaires étant fixés à forfait pour toute la durée du voyage; 3° *au profit ou à la part*, sorte de société en participation entre l'équipage et le patron du navire, dans laquelle le matelot doit avoir pour salaire une part des profits de l'expédition; 4° *au fret,* sorte de société en participation encore, dans laquelle le matelot doit toucher une certaine part du fret gagné par le navire.

Les conditions de l'engagement du capitaine et des hommes d'équipage se constatent ordinairement par le rôle de l'équipage: elles pourraient aussi être constatées par un acte ordinaire. Le contrat de louage des matelots doit être constaté par écrit: il ne peut se prouver par témoins.

Résolution et modifications de l'engagement. — Les événements qui peuvent les modifier sont: la rupture du voyage, le retardement, la prolongation du voyage, la maladie, blessure ou mort du matelot, sa captivité, le congé, etc...

Des chartes parties, affrètements ou nolissements. — L'affrètement est un contrat par lequel le propriétaire, ou le capitaine pour lui, loue tout ou partie d'un navire pour le transport des marchandises dans un certain lieu, et moyennant un prix stipulé. Celui qui loue le navire s'appelle *fréteur*: celui qui le prend à loyer, *affréteur*; le prix de la location s'appelle *fret* dans l'Océan, et *nolis* dans la Méditerranée.

L'affrètement peut avoir lieu *au voyage, au mois,* ou *pour un temps limité,* selon la manière dont le fret est stipulé; il peut encore avoir lieu *au tonneau, au quintal, à forfait.*

Formes du contrat d'affrètement. — Il est constaté par un écrit appelé *charte-partie*; l'écrit est exigé, non pour la validité du contrat lui-même, mais seulement pour la preuve: la preuve par témoins au-dessus de 150 francs est prohibée. Le contrat peut, d'ailleurs, être prouvé par d'autres modes, comme l'aveu, le serment, la correspondance, les factures signées du capitaine, et surtout par le connaissement.

Enonciations. — La charte-partie doit contenir: le nom et le tonnage du navire; le nom du capitaine; les noms du fréteur et de l'affréteur; le lieu et le temps convenus pour la charge et pour la décharge; le prix du fret ou *nolis*; si l'affrètement est total ou partiel; l'indemnité convenue pour les cas de retard.

Obligations résultant de l'affrètement. — Celui qui loue le navire (le fréteur) doit procurer à l'affréteur la jouissance de son navire telle qu'il l'a promise; l'affréteur doit payer le fret convenu. Le navire, les agrès et apparaux, le fret et les marchandises chargées sont respectivement affectés à l'exécution des conventions des parties. Toutefois, si les propriétaires refusent de recevoir le chargement et de faire le voyage promis, le capitaine n'est pas responsable avec eux et avec l'affréteur de l'inexécution du contrat, car, soit qu'il contracte seul au loin, soit qu'il contracte avec l'autorisation des propriétaires au lieu de leur demeure, il n'est, à l'égard des tiers, qu'un simple mandataire et non pas comme un commissionnaire.

Du connaissement. — C'est l'écrit qui constate le chargement des marchandises sur le navire, la reconnaissance, faite par le capitaine, des marchandises qu'il a reçues pour opérer le transport.

Formes. — Il doit exprimer la nature et la quantité, ainsi que les espèces ou qualités, marques et numéros des objets à transporter; il énonce le nom du chargeur, le nom et l'adresse de celui à qui les objets sont expédiés, le nom et le domicile du capitaine, le nom et le tonnage du navire, le prix du fret, le lieu du départ et celui de la destination. Il peut être *à ordre* ou *au porteur*. Il doit être rédigé en quatre exemplaires, dont l'un pour le chargeur; un second pour celui auquel les marchandises sont adressées; le troisième, pour le capitaine; et le quatrième, pour l'armateur. Ces quatre originaux doivent être signés dans les vingt-quatre heures après le chargement, par le chargeur et par le capitaine.

Effets. — Le connaissement fait foi entre toutes les parties intéressées, et même contre les tiers par ex., les assureurs. Cependant on admet que l'expression, dans le connaissement, de l'espèce et de la qualité des marchandises ne fait preuve au plus que de la qualité générique, et non de la qualité spécifique. S'il y a diversité d'énonciations entre les exemplaires du connaissement, celui qui est entre les mains d'une partie fait foi de ce qui est rempli de la main de l'adversaire. Le capitaine, qui est responsable des marchandises, a le droit d'exiger un reçu du consignataire, auquel il fait la livraison et même la remise du connaissement, s'il est à ordre ou au porteur. Si le connaissement est au porteur, il se transmet de la main à la main. S'il est à ordre, il se transmet par endossement; et quand même l'endossement serait irrégulier. c.-à-d. ne vaudrait que comme procuration à l'effet de prendre livraison, le capitaine se libérerait valablement entre les mains de l'endossataire, le destinataire pouvant ne pas être propriétaire ou acheteur des marchandises.

Pouvoir et obligations du capitaine. — Il est obligé de les transporter à destination; et dans ce but, il peut emprunter à la grosse, mettre en gage et même vendre les marchandises, s'il y a nécessité, pour le ravitaillement du navire. Il tient compte des marchandises vendues, d'après le cours du lieu de la décharge du navire, à l'époque de son arrivée. — Il répond, comme le voiturier, des avaries, de la perte des marchandises ou du retard. Il est exonéré : par la force majeure, si elle n'a pas été précédée d'une faute de sa part; par la faute de l'expéditeur, si, par ex., il a mal emballé les marchandises; par le vice propre de la chose. — Tout commissionnaire ou consignataire qui aura reçu les marchandises mentionnées dans les connaissements ou chartes-parties est tenu d'en donner reçu au capitaine qui le demandera, à peine de tous dépens, dommages-intérêts, même de ceux de retardement. Le capitaine est aussi libéré par la prescription d'un an après l'arrivée du navire, sauf les causes d'interruption.

Du fret ou nolis. — Le chargeur est tenu de payer le fret; en aucun cas, il ne peut demander de diminution sur le prix du fret. Si le navire est loué en totalité, et que l'affréteur ne lui donne pas toute sa charge, le capitaine ne peut prendre d'autres marchandises sans le consentement de l'affréteur, lequel profite du fret des marchandises qui complètent le chargement du navire qu'il a entièrement affrété. Tant que l'affréteur n'a rien chargé, il peut résilier le contrat moyennant indemnité, et la loi fixe cette indemnité à la moitié du fret convenu. Le capitaine a, sur les marchandises chargées, et pour le payement du fret, un privilége qui ne cesse pas par la délivrance, comme celui du voiturier; mais il s'éteint par le délai de quinze jours, à partir de la délivrance. Il cesse même avant les quinze jours, si elles ont passé en mains tierces : les meubles n'ont pas de suite par hypothèque. En cas de faillite des chargeurs ou réclamateurs avant l'expiration de la quinzaine, le capitaine est privilégié sur tous les créanciers pour le payemennt de son fret et des avaries qui lui sont dues. Si le consignataire refuse de recevoir les marchandises, le capitaine peut, par autorité de justice, en faire vendre pour le payement de son fret et faire ordonner le dépôt du surplus. S'il y a insuffisance, il conserve son recours contre le chargeur. — Le capitaine ne peut retenir les marchandises dans son navire, faute de payement de son fret; il peut, dans le temps de la décharge, demander le dépôt en mains tierces jusqu'au payement de son fret.

Des avaries. — Les avaries sont les dépenses extraordinaires faites pour le navire et les marchandises, conjointement ou séparément; ainsi que tout dommage qui arrive au navire et aux marchandises, depuis leur chargement et départ jusqu'à leur retour et déchargement. De là, les *avaries matérielles*, qui consistent dans une dégradation plus ou moins considérable de l'objet exposé aux risques; et les *avaries-frais*, dépenses occasionnées par la chose, et qui constituent une perte pour le propriétaire de cette chose. Les avaries de droit commun ou particulières sont supportées et payées par le propriétaire de la chose qui a essuyé le dommage ou occasionné la dépense, sauf le recours du propriétaire contre le capitaine et contre les armateurs, mais avec faculté pour ces derniers de se libérer par l'abandon du navire et du fret. — Les parties peuvent régler les avaries comme elles le jugent convenable.

En cas d'*abordage de navires*, si l'événement a été purement fortuit, le dommage est supporté, sans répétition, par celui des navires qui l'a éprouvé. Si l'abordage a été fait par la faute de l'un des capitaines, le dommage est payé par celui qui l'a causé. S'il y a doute dans les causes de l'abordage, le dommage est réparé à frais communs, et par égale portion, par les navires qui l'ont fait et souffert. Dans ces deux derniers cas, l'estimation du dommage est faite par experts.

Du jet et de la contribution. — Si, par tempête ou par la chasse de l'ennemi, le capitaine se croit obligé, pour le salut du navire, de jeter en mer une partie de son chargement, de couper ses mâts ou d'abandonner ses ancres, il prend l'avis des intéressés au chargement qui se trouvent dans le vaisseau, et des principaux de l'équipage. — S'il y a diversité d'avis, celui du capitaine et des principaux de l'équipage est suivi. Si, par suite de l'urgence, ces formalités ne peuvent pas être remplies, le jet est dit *irrégulier*. La loi indique les choses qui doivent être jetées les premières. Le capitaine est tenu de rédiger, aussitôt qu'il le peut, la déclaration, et d'affirmer les faits qui y sont contenus, au premier port de relâche, dans les vingt-quatre heures de son arrivée.

La *contribution* est la réparation du préjudice par tous ceux à qui il a été utile, proportionellement à l'intérêt de chacun. Il n'y a contribution qu'autant que le bénéfice a été fait pour l'avantage commun. Doivent contribuer : le navire et le fret : les objets sauvés ; les objets jetés. Pour parvenir à la contribution, il est fait au lieu du déchargement un état des pertes et dommages, à la diligence du capitaine, et par experts, qui prêtent serment avant d'opérer. La répartitition faite par les experts est rendue exécutoire par l'homologation du tribunal ; et dans les ports étrangers, par le consul de France, ou, à son défaut, par tout tribunal compétent sur les lieux.

Des assurances. — L'assurance est un contrat par lequel l'assureur, moyennant une prime payée par l'assuré, s'engage à indemniser ce dernier d'une perte résultant d'un cas fortuit.

Ce contrat implique : des objets assurés ; des risques auxquels ils sont exposés ; une indemnité promise pour ces risques ; et un prix payé qu'on appelle prime.

Formes. — Il doit être rédigé par écrit, lequel n'est exigé que pour la preuve. A défaut de preuve, on pourra prouver par l'aveu, le serment et même par témoins, au-dessus de 150 francs, si l'on a un commencement de preuve par écrit. Il peut être fait, ou sous signature privée et en autant d'originaux qu'il y a de parties ayant un intérêt distinct ; ou par un notaire, dans la forme ordinaire des actes notariés. En fait, il est très souvent dressé par un courtier. Dans ce cas, il n'est pas complètement authentique, en ce sens qu'il n'emporte pas exécution parée, ne pouvant pas contenir une constitution d'hypothèque et ne ferait pas foi de sa date, même à l'égard des tiers. Mais, à la différence des actes authentiques, il ne fait preuve que quand il est signé des parties ; la seule signature du courtier ne lui donnerait pas une autorité complète.

L'acte ne doit contenir aucun blanc. Il doit énoncer la date, et même si c'est avant ou après midi, car s'il a été fait des assurances pour une somme excédant la valeur des objets assurés, l'assurance la plus ancienne exclut les autres.

Fond. — La police d'assurance doit contenir le nom de l'assureur ; le nom de l'assuré et son domicile, sa qualité de propriétaire ou de commissionnaire ; la détermination des objets assurés ; leur évaluation, afin de servir de base aux règlements auxquels un sinistre donnera lieu ; l'indication de la somme assurée, c.-à-d. la quotité du dommage qu'éprouverait l'assuré en cas de perte de la chose ; la preuve du chargement des marchandises, laquelle, d'ailleurs, résultera presque toujours des connaissements. S'il y a eu dol ou fraude de l'assuré, le contrat est nul à l'égard de l'assuré seulement ; mais c'est à l'assureur à faire la preuve. Toute réticence, toute fausse déclaration de la part de l'assuré, toute différence entre le contrat d'assurance et le connaissement, qui diminuerait l'opinion du risque ou en changerait le sujet, annulent l'assurance : la simple réticence est punie comme la fausse déclaration.

Obligations de l'assuré. — Il doit payer la *prime* déterminée par le contrat, et qui consiste habituellement en argent, ou en compensation d'une dette de l'assureur. Elle n'est pas due si, avant le départ du navire, le voyage est rompu, même par le fait de l'assuré ; l'assureur reçoit une indemnité fixée à un demi pour cent de la somme assurée.

Obligations de l'assureur. — Il doit payer à l'assuré la somme portée en la police, en cas de perte des objets assurés ; et une indemnité pour les avaries. Il répond de tous dommages et pertes qui arrivent aux objets assurés, mais non des pertes et dommages provenant des faits de l'assuré, de ceux de son commissionnaire ou préposé.

L'assuré peut exercer son recours contre l'assureur : soit en se faisant indemniser des dommages qu'il éprouve, soit en abdiquant la propriété de ce qui reste de la chose et en exigeant de l'assureur la somme assurée, comme si la perte était entière, ce qui constitue le *délaissement*.

Si l'assuré tombe en faillite avant que la prime n'ait été payée, l'assureur peut demander caution ou la résiliation du bail. — Si c'est l'assureur qui tombe en faillite avant la fin des risques, l'assuré peut demander la résiliation du contrat.

Du délaissement. — Il est facultatif pour l'assuré et ne peut avoir lieu que dans les cas déterminés par la loi ; il ne peut être ni partiel ni conditionnel. Le délaissement du navire comprend même le fret des marchandises sauvées. Lorsqu'il est accepté ou jugé valable, les objets délaissés appartiennent irrévocablement à l'assureur, qui est tenu de payer la somme assurée, dans les trois mois de la signification du délaissement, sauf convention contraire.

Des contrats à la grosse. — Le contrat à la grosse aventure est un contrat par lequel une personne prête à une autre un capital sur des objets exposés à des risques maritimes, avec cette condition que, si les objets affectés à l'emprunt viennent à périr par fortune de mer, l'emprunteur n'aura rien à rembourser ; mais que, s'ils arrivent heureusement, il devra rendre la somme prêtée augmentée d'un intérêt maritime considérable. C'est un contrat réel, unilatéral, à titre onéreux et aléatoire.

Conditions de formes. — Il est fait devant notaire, ou sous signature privée. Il énonce : le capital prêté et la somme convenue pour le profit maritime ; les objets sur lesquels le prêt est affecté ; les noms du navire et du capitaine : ceux du prêteur et de l'emprunteur ; si le prêt a lieu pour un voyage, pour quel voyage et pour quel temps ; l'époque du remboursement.

L'acte qui constate le contrat et cette obligation de l'emprunteur s'appelle le *billet de grosse.* Il doit être enregistré au greffe du tribunal de commerce, dans les dix jours de la date, à peine d'extinction du privilège du prêteur. L'écrit n'est, d'ailleurs, exigé que pour la preuve ; au-dessous de 150 francs on peut faire la preuve par témoins.

L'acte de prêt à la grosse peut être négocié par la voie de l'endossement, s'il est à ordre. En ce cas, la négociation a les mêmes effets, et produit les mêmes actions en garantie que celle des autres effets de commerce. — S'il est *à personne dénommée*, il ne peut être transmis que par les modes du droit civil. — S'il est *au porteur*, il se transmettra par la simple tradition.

La garantie de payement ne s'étend pas au profit maritime, à moins que le contraire n'ait été stipulé.

Conditions de fonds. — Le droit d'emprunter à la grosse aventure sur une chose peut n'appartenir qu'à celui qui en est propriétaire; cependant le capitaine peut, pendant le cours du voyage, et en se faisant autoriser par le tribunal, emprunter à la grosse pour les besoins de la navigation. Mais il ne peut, dans le lieu de la demeure des propriétaires du navire ou de leurs fondés de pouvoir, emprunter sans leur autorisation spéciale ; sinon, le prêteur n'aurait l'action et le privilège que sur la portion que le capitaine peut avoir dans le navire et le fret. Toutefois, le capitaine a le droit, même dans le lieu où demeurent les propriétaires, d'emprunter à la grosse, avec autorisation du juge, si quelques-uns des propriétaires refusent de contribuer aux frais nécessaires pour expédier le navire; et les parts et portions de ces propriétaires sont valablement affectées aux sommes empruntées.

On peut prêter non seulement de l'argent mais encore des choses fongibles; d'autre part, tout ce qui est susceptible d'une transaction commerciale peut être affecté au prêt à la grosse. Mais on ne peut emprunter sur le fret à faire ni sur le profit espéré des marchandises ; ni pour une somme excédant la valeur des objets affectées au prêt.

Risques. — Les risques, qui sont à la charge du prêteur, sont tous les cas fortuits maritimes par l'effet desquels les objets affectés à l'emprunt sont perdus ou détériorés ; il ne répond ni des risques de terre, ni de la perte, des déchets et diminutions provenant du vice propre de la chose, comme si le navire a péri par caducité, etc... Le prêteur n'est tenu que des risques que les objets affectés à l'emprunt courront sur le navire où ils sont chargés. Quant au temps des risques, s'il n'est rien stipulé, ils sont supportés, à l'égard du navire, du jour où il a fait voile, jusqu'au jour où il est amarré au port ou lieu de sa destination; et à l'égard des marchandises, du jour où elles ont été chargées dans le navire, jusqu'au jour où elles sont délivrées sur le quai.

Profit maritime. — Ce profit ou somme d'argent que l'emprunteur promet de payer au prêteur outre la somme prêtée, pour le prix des risques dont il s'est chargé, peut consister soit en une somme fixe pour toute l'expédition, quelle qu'en soit la durée, soit en une certaine somme par mois. Le taux peut en être supérieur au taux légal (5 0 0 en matière civile et 6 0 0 en matière commerciale) : le prêteur à la grosse, courant le risque de perdre son capital, peut stipuler, pour le cas d'heureuse traversée, un profit supérieur à l'intérêt légal et qui est laissé à l'appréciation des parties

Obligations de l'emprunteur. — Il doit rendre la somme prêtée et payer le profit maritime convenu. En cas de perte totale des objets par cas fortuit dans le temps et dans le lieu des risques, il est déchargé de toute obligation.

Droits du prêteur. — En cas d'heureuse traversée, il a droit à la restitution du capital prêté et au payement du profit maritime. Si les objets affectés à l'emprunt arrivent détériorés par cas fortuit, il doit supporter une perte proportionnée à la détérioration. Il supporte les avaries. Pour assurer le payement du capital prêté, de l'intérêt maritime, et même de l'intérêt de terre qui court du jour de l'échéance, il a un *privilège* qui s'exerce sur le navire, sur le fret acquis, même quelquefois sur la cargaison.

Si plusieurs emprunts successifs ont été faits sur le même objet, c'est le dernier qui est préféré : *salvam fecit pignoris causam.*

S'il y a tout à la fois contrat à la grosse et assurance sur le même navire ou le même chargement et qu'il y ait naufrage, le produit des effets sauvés est partagé entre le prêteur à la grosse et l'assureur, au marc le franc de leur intérêt respectif. Toutefois, le prêteur à la grosse, attendu qu'il y a sinistre, ne vient en concours que pour son capital, et non pour le profit maritime.

Des prescriptions. — Le capitaine ne peut acquérir la propriété du navire par voie de prescription il est détenteur précaire.

La signification du délaissement et l'action en justice, à défaut d'acceptation par l'assureur, doit être intentée dans les délais prévus par l'art. 373 (six mois, un an, dix-huit mois), selon les cas.

Les actions dérivant d'un contrat à la grosse ou d'une police d'assurance sont prescrites après cinq ans, à dater du contrat.

Sont prescrites: Les actions en payement pour fret de navire, gages et loyers des officiers et matelots, un an après la fin du voyage. — Pour nourriture fournie aux matelots par l'ordre du capitaine, un an après la livraison. — Pour fournitures de bois et autres choses nécessaires aux constructions, un an après ces fournitures faites. — Pour salaires d'ouvriers et pour ouvrages faits un an après la réception des ouvrages. — Les demandes en délivrance de marchandises, un an après l'arrivée du navire.

Le point de départ de ces différentes prescriptions doit être retardé toutes les fois que le créancier n'a pas connu immédiatement le fait qui ouvrait son droit, ou n'a pas pu agir immédiatement.

En cas de créance née d'actes successifs, la prescription ne commence à courir qu'à dater du dernier acte, par ex., de la dernière fourniture faite.

Ces courtes prescriptions peuvent être interrompues, même par un simple acte judiciaire.

Fins de non recevoir. — Ce sont certains faits qui peuvent faire repousser l'action du demandeur, purement et simplement, sans en examiner le mérite, alors même qu'elle ne serait pas prescrite. Sont non recevables :

1° Les actions du chargeur ou destinataire contre les capitaines ou les assureurs pour dommage arrivé à la marchandise si elle a été reçue sans qu'on ait protesté dans les vingt-quatre heures. Cette fin de non recevoir peut être invoquée non seulement par le capitaine, mais encore par les assureurs.

2° Les actions contre l'affréteur, pour avaries, si le capitaine a livré les marchandises et reçu son fret sans protester dans les vingt-quatre heures.

3° Les actions en indemnité pour dommages causés par l'abordage dans un lieu où le capitaine a pu agir, s'il n'a point fait de réclamation dans les vingt-quatre heures.

Si l'abordage a eu lieu en pleine mer, on ne peut reprocher au capitaine de n'avoir pas élevé de réclamations, et le délai ne courra que du jour de l'arrivée du navire dans le port.

LIVRE TROISIÈME

DES FAILLITES ET BANQUEROUTES

La faillite est l'état d'un *commerçant* qui a cessé ses payements. — Si le débiteur ne laisse en souffrance que des dettes civiles, il est en *déconfiture*.

Conditions constitutives de la faillite. — Ce qui constitue la faillite, c'est la *cessation des payements* : il ne suffit pas qu'un débiteur ait un passif supérieur à son actif. Même quand l'actif surpasserait le passif, il sera en faillite s'il cesse ses payements, c.-à-d. la généralité de ses payements ; il n'est pas nécessaire que *tous* les payements sans exception soient refusés. La simple suspension équivaudrait à la cessation, si elle portait sur la généralité des payements. — Le non payement des *dettes civiles* ne peut, à lui seul, entraîner la faillite, si le commerçant n'a pas de dettes commerciales ou si elles sont payées.

DIFFÉRENCES ENTRE

La **faillite** et	La **déconfiture**.
1° Elle est spéciale au commerçant.	Elle est spéciale au non commerçant.
2° Elle fait l'objet d'une constatation officielle et générale.	Elle résulte de l'exercice des voies d'exécution partielles par les divers créanciers, des saisies opérées par ceux-ci.
3° Elle est déclarée, en principe, par le tribunal de commerce.	Elle est appréciée, dans son ensemble, par les tribunaux civils.
4° La loi commerciale prend l'initiative des mesures destinées à assurer l'égalité proportionnelle entre les créanciers.	La loi civile laisse à chacun des créanciers le soin de faire des diligences à cet effet.
5° Elle suppose et fait présumer l'insolvabilité, mais ne l'implique pas nécessairement.	Elle implique nécessairement l'insolvabilité.
6° Elle restreint les droits de la femme.	Elle ne les restreint pas ; ils sont tels qu'ils sont consacrés par le Code civil.
7° Elle dessaisit le failli de l'administration de ses biens.	Elle n'entraîne pas le dessaisissement.
8° Elle peut dégénérer en banqueroute simple ou frauduleuse.	Elle n'entraîne pas la banqueroute.
9° Elle frappe de nullité, par une présomption légale, certains actes voisins du jour de l'insolvabilité du débiteur.	Ces présomptions légales de nullité n'existent pas.
10° Elle comporte un *concordat*, traité consenti par la majorité des créanciers, et qui lie la minorité.	Un seul des créanciers pourrait refuser d'exécuter le traité consenti par tous en faveur du débiteur commun.

La faillite d'un commerçant peut être déclarée *après son décès*, lorsqu'il est mort en état de cessation de payements; mais seulement *dans l'année* qui suit le décès.

Une *société* peut être mise en faillite. La faillite d'une *société en nom collectif* entraîne, selon nous, celle de tous les associés. Dans la *société en commandite*, la solution est la même pour les commandités, mais non pour les commanditaires, qui ne sont pas solidaires. — La *société anonyme* (l'être moral société) peut aussi, selon nous, être mise en faillite : le rôle du failli dans la société sera rempli par les liquidateurs de la société. La faillite de cette société n'entraîne celle d'aucun associé, puisqu'aucun n'est tenu indéfiniment. — La *société en participation* ne formant pas une personne morale ne peut pas être mise en faillite ; mais seulement les coparticipants individuellement.

Jugement déclaratif. — Le commerçant qui est dans la nécessité de cesser ses payements doit en faire la déclaration au greffe du tribunal de commerce de son domicile, ou, s'il n'en existe pas dans l'arrondissement, au greffe du tribunal civil, au plus tard le *troisième jour de la cessation de payements.* — Si c'est une société qui cesse ses payements, la déclaration doit aussi en être faite dans les trois jours au greffe du tribunal de commerce dans le ressort duquel se trouve le siège de son principal établissement, et contenir le nom et l'indication du domicile de chacun des associés, si c'est une société en nom collectif. Si c'est une société en commandite, il suffit d'indiquer le nom et le domicile de l'associé ou des associés responsables.

La déclaration de faillite doit être accompagnée du dépôt de son *bilan*, acte contenant l'état de l'actif et du passif, le tableau des profits et pertes et le tableau des dépenses. Il doit être certifié véritable, mais sans affirmation sous serment, daté et signé par le débiteur. Si le commerçant se trouve dans l'impossibilité de dresser son bilan dans les trois jours, il doit en indiquer les motifs; le tribunal apprécie.

La *sanction* de l'obligation de déposer le bilan est double : 1° le failli peut être condamné pour *banqueroute* simple; 2° il ne peut pas être exempté de l'incarcération.

La faillite peut être déclarée : 1° *à la requête du failli*, quand il dépose son bilan ; 2° *à la requête des créanciers*, même d'un seul : il peut y avoir des créanciers inconnus: les créanciers saisissent le tribunal, soit par voie d'ajournement, soit par simple requête; 3° *d'office*, par ex., lorsqu'il y aura lieu de craindre une banqueroute simple ou frauduleuse; ou lorsque les créanciers, peut-être par collusion avec le débiteur, négligeront de la poursuivre.

Le tribunal détermine d'une manière précise l'époque à laquelle a commencé la cessation de payements qui constitue la faillite, ce qui est très important, car elle est le point de départ d'une époque où la capacité du failli se trouve rétroactivement amoindrie. A défaut de détermination spéciale, la cessation de payements est réputée avoir eu lieu à partir du jugement déclaratif de faillite. La fixation de l'époque de la cessation de payements par le jugement déclaratif n'est, d'ailleurs, que provisoire; elle peut être changée ultérieurement si on rencontre de nouveaux éléments qui la font reculer dans le passé.

Le jugement qui déclare la faillite et celui qui en fixe ou en change la date doivent être *affichés* et *insérés* par extraits dans les journaux; l'affiche est apposée et l'insertion dans les journaux est faite tant dans les lieux où la faillite a été déclarée que dans tous les lieux où le failli a des établissements commerciaux.

Effets du jugement. — Il produit, quant aux biens du failli, les effets suivants :

1° Il *entraîne le dessaisissement*, de plein droit, pour le failli, de l'administration de tous les biens du failli, dépendant ou non de son commerce. Toutefois, si le failli est plus tard remis à la tête de ses affaires par un concordat, il reprend l'exercice de son droit de propriété, sans qu'un nouveau jugement soit nécessaire pour le réintégrer dans cette propriété. Le dessaisissement, qui englobe les biens présents et à venir du failli, sans exception, frappe même les biens insaisissables, sauf les rentes sur l'État, déclarées insaisissables par les lois du 8 nivôse an VI et du 22 floréal an VII, pour favoriser le crédit de l'État. Il commence dès le matin du jour où le jugement déclaratif a été rendu, et quoique le jugement ait été réformé sur l'opposition, s'il est maintenu sur l'appel. — Les biens du failli sont gérés par des *syndics*, qui en sont chargés comme mandataires des créanciers; ils sont nommés par le jugement même qui déclare la faillite et font les *actes d'administration* et les *actes conservatoires* sous la surveillance du juge-commissaire. — Les *actes postérieurs* au jugement déclaratif, qui ont pour objet la disposition ou l'engagement des biens dont le failli est dessaisi ou qui peuvent préjudicier aux créanciers, sont *nuls* à l'égard de la masse; de même, le failli ne peut consentir, après ce jugement, *aucune cause de préférence* au profit de quelques-uns de ses créanciers. Toutefois, sont maintenus les privilèges et hypothèques qui garantissent le payement des obligations considérées comme *condition ou charge des acquisitions postérieures* à la déclaration de faillite; par ex., les cohéritiers du failli qui partagent avec lui une succession ont, sur les immeubles tombés dans son lot, un *privilège* opposable aux créanciers de la faillite pour le payement des soultes ou retours de lots. — D'ailleurs, le failli, n'étant pas en état d'interdiction, peut faire les *contrats qui n'engagent pas ses biens* : louer ses services, travailler pour son compte ou pour le compte d'autrui, se livrer à un commerce ou à une industrie, pourvu qu'il n'y engage que des valeurs étrangères à la faillite (sommes prêtées par des parents ou des amis); intenter seul, comme demandeur ou comme défendeur, les *actions exclusivement attachées à sa personne* : action en séparation de corps, action en désaveu, action en révocation pour cause d'ingratitude d'une donation par lui faite avant la faillite, action en séparation de biens, quoique celle-ci soit plutôt relative au patrimoine qu'à la personne. — En dehors de ces cas, toutes actions doivent être suivies ou intentées contre les syndics, qui sont les représentants du failli et de la masse des créanciers. Le tribunal peut, lorsqu'il le juge convenable, recevoir le failli partie intervenante.

2° *Il suspend les poursuites individuelles de la part des créanciers.* — A partir du jugement déclaratif, les créanciers ne peuvent plus exercer individuellement aucunes voies d'exécution sur les biens du failli. Les actions individuelles sont centralisées entre les mains des syndics, qui peuvent seuls, en principe, saisir et faire vendre les biens meubles et immeubles du failli. — Exceptions : *a.* les *créanciers hypothécaires* ou privilégiés sur les immeubles, ou *nantis d'un gage*, étant placés, en quelque sorte, en dehors de la faillite, peuvent agir sans attendre l'action des syndics (la question est douteuse de savoir s'il faut étendre cette exception aux créanciers ayant un privilége général); *b.* le *propriétaire* des lieux occupés par le commerce du failli, relativement aux objets qui les garnissent : il a un privilége résultant d'une constitution de gage tacite, lequel d'ailleurs, a été restreint par la loi du 12 février 1872. Son droit d'agir, admis en principe, est suspendu pendant *huit jours*, après l'expiration du délai de vingt jours fixé pour la vérification des créances, cela, afin de permettre aux syndics d'apprécier et de notifier au propriétaire s'il n'est pas utile à la masse de continuer l'exploitation du commerce du failli. Cette notification doit avoir lieu avec l'autorisation du juge-commissaire, et le failli entendu. — De son côté, le propriétaire, tenu de répondre à la notification des syndics, doit, dans les *quinze jours* qui suivent cette notification, former sa demande en résiliation; sinon, il est présumé avoir renoncé à se prévaloir des causes de résiliation existantes déjà à son profit. Si les syndics ne faisaient pas la notification dans le délai fixé, le propriétaire pourrait toujours invoquer, conformément au droit commun, toutes les causes de résiliation ouvertes à son profit. — Cette suspension du droit du bailleur ne s'applique qu'aux effets servant à l'exploitation du commerce; et ne lui enlève pas, même pendant cette période, le droit de faire les actes conservatoires.

3° *Il rend exigibles toutes les dettes civiles ou commerciales du failli.* — Les créanciers prendront part aux opérations de la faillite et aux répartitions des dividendes, comme si leur créance était échue. Toutefois, cette exigibilité ne peut permettre à un créancier d'invoquer la *compensation*, dans le cas où il serait lui-même débiteur du failli d'une somme exigible : ce serait compenser la dette liquide et exigible dont il est tenu avec un dividende dont le chiffre est incertain, et qui, par conséquent, n'est ni liquide ni exigible. — L'exigibilité ne s'applique pas, selon nous, aux créances garanties par une *hypothèque*, un *privilège* ou un *gage* : ils sont en dehors de la masse ; ni aux *coobligés du failli*, fussent-ils solidaires avec le failli ; ni à la *caution* qui aurait garanti la dette du failli. Cependant, dans ce dernier cas, le créancier peut forcer le débiteur principal à rembourser, à moins que la caution qui est tombée en faillite n'ait été spécialement choisie par le créancier.

Observation. — En cas de faillite du *souscripteur* d'un billet à ordre, ou de *l'accepteur d'une lettre de change*, ou du *tireur*, si elle n'a pas été acceptée, les autres obligés, en qualité d'endosseurs, sont tenus envers le porteur de donner caution pour garantir le payement à l'échéance, à moins qu'ils ne préfèrent payer immédiatement. *Inde* : si c'est l'un des endosseurs qui tombe en faillite, le porteur ne peut pas demander la caution ou le remboursement avant l'échéance au souscripteur, en cas de billet à ordre; ni à l'accepteur ou au tireur, en cas de lettre de change. Si c'est le tireur d'une lettre de change acceptée par le tiré qui est tombé en faillite, le porteur ne peut demander caution ni à l'accepteur ni aux endosseurs. Toutefois, si c'est le tiré qui tombe en faillite avant d'avoir accepté, le porteur peut, après le protêt faute d'acceptation, agir contre ses garants pour avoir caution ou remboursement, car, dès que le tiré est déclaré en faillite, il est certain que l'acceptation n'aura pas lieu, ou, ce qui est la même chose, ne pourra être faite valablement.

4° *Il arrête, à l'égard de la masse, le cours des intérêts* de toute créance non garantie par un privilège, par un nantissement ou par une hypothèque; sinon, il en résulterait une très grande inégalité entre ceux qui ont stipulé des intérêts et ceux qui n'en ont pas stipulé; mais les intérêts continuent à courir à l'encontre du failli, qui, s'il n'obtient pas un concordat, ne pourra se faire réhabiliter qu'à la condition de les payer intégralement jusqu'au jour du remboursement intégral. — Les intérêts des créances garanties ne peuvent être réclamés que sur les sommes provenant des biens affectés au privilège, à l'hypothèque ou au nantissement; et le dernier créancier hypothécaire peut, selon nous, imputer ce qu'il reçoit comme tel, d'abord sur les intérêts de sa créance, de façon à venir dans la masse chirographaire pour une portion plus grande de capital; il ne réclame ses intérêts que sur les valeurs hypothécaires.

EFFETS DE LA FAILLITE POUR LE TEMPS QUI PRÉCÈDE LE JUGEMENT DÉCLARATIF. — La cessation de payements pouvant exister depuis un certain temps avant le jugement déclaratif de faillite, sont *nuls* et de nul effet à l'égard de la masse, lorsqu'ils ont été faits par le débiteur *depuis l'époque déterminée par le tribunal comme étant celle de la cessation de payements*, ou dans les *dix jours précédents*, les actes suivants :

a. LES ACTES A TITRE GRATUIT, actes translatifs de propriété, obligations à titre gratuit, remises de dettes, renonciations. Quant à la *constitution de dot*, notre avis est qu'elle s'analyse en un contrat à titre gratuit pour le donateur, et à titre onéreux pour l'époux doté et son conjoint.

b. LE PAYEMENT DE TOUTES DETTES NON ÉCHUES : il a été fait pour avantager le créancier. — Le payement est valable si la dette était échue lors du payement, quand même l'échéance ne serait survenue que depuis le commencement des dix jours.

c. LE PAYEMENT DE DETTES ÉCHUES AUTREMENT QU'EN ESPÈCES OU EN EFFETS DE COMMERCE; mais on peut payer en argent ou en effets de commerce. La dation en payement, qui est prohibée par la loi, peut se présenter sous la forme soit d'un *payement en marchandises* : on ne peut pas remettre à un créancier des marchandises avec mandat de les vendre pour se payer: soit d'un *payement par transport de créance* : créancier n'ayant pas d'argent, mais ayant un débiteur de la même somme, je ne puis déléguer mon débiteur à mon créancier qui me libérerait, car ce dernier aurait l'avantage d'un payement intégral au préjudice des autres créanciers: soit d'une *compensation volontaire* ou conventionnelle entre deux dettes qui ne seraient pas toutes deux à la fois liquides e exigibles. — La loi, pour une dette d'argent, autorise le payement en *effets de commerce* (lettres de change, billets à ordre chèques, etc.).

d. LES CONSTITUTIONS D'HYPOTHÈQUE OU DE NANTISSEMENT POSTÉRIEURES A LA NAISSANCE DE LA CRÉANCE : la sûreté fournie au moment de la naissance de la créance est valable; elle a été une des conditions essentielles du contrat. — Les *hypothèques judiciaires*, étant toujours et nécessairement postérieures à la naissance de la créance, sont toujours nulles. — Les *hypothèques légales* et les *privilèges* autres que celui du bailleur, de l'aubergiste, du voiturier, lesquels sont une convention expresse de gage, étant toujours concomitants ou même antérieurs à la naissance de la créance, sont toujours valables. — Quant au *nantissement*, il est valable, quel que soit l'objet donné en gage, pourvu qu'il ait été promis lors de la naissance de la créance, n'eût-il été réalisé que postérieurement par la remise du gage.

Les autres payements faits par le débiteur pour dettes échues, et les autres actes à titre onéreux par lui passés après la cessation de payements et avant le jugement déclaratif de la faillite, *pourront* être annulés, si, de la part de ceux qui ont reçu du débiteur ou qui ont traité avec lui, ils ont eu lieu avec connaissance de la cessation de ses payements. - La loi ne parlant que des actes passés après la cessation de payements, et non pas dans les dix jours qui précèdent cette cessation, il résulte que les actes à titr eonéreux, en général, passés dans ces dix jours, restent sous l'empire de l'action paulienne ou révocatoire (art. 1167 C. civ), c'est-à-dire ne pourront être annulés qu'autant qu'il y aura fraude de la part du débiteur, et que le tiers aura participé à la fraude.

Règle spéciale au payement des effets de commerce. — Dans le cas où une lettre de change ou un billet à ordre sont payés après l'époque fixée comme étant celle de la cessation des payements, le tiers porteur qui a eu connaissance de cette cessation n'est pas obligé de rapporter les sommes qu'il a reçues : ces effets doivent circuler aussi facilement que la monnaie. Cependant le tireur ou le donneur d'ordre, si la lettre de change a été tirée pour compte d'un tiers, et le premier endosseur, s'il s'agit d'un billet à ordre, sont soumis à l'action en rapport, mais seulement dans le cas où il est prouvé que celui à qui on demande le rapport avait connaissance de la cessation de payements à l'époque de l'émission du titre.

Inscription des privilèges et hypothèques. — Les privilèges et hypothèques valablement acquis, soit avant la cessation des payements, soit même depuis, peuvent être *inscrits jusqu'au jour du jugement déclaratif de la faillite* : une inscription pour une hypothèque valablement acquise, qui ne serait prise qu'après le jugement déclaratif, serait radicalement nulle.

Quant aux *inscriptions prises après la cessation de payements ou dans les dix jours précédents*, les juges *peuvent* en prononcer la nullité lorsqu'il s'est écoulé *plus de quinze jours entre la date de l'acte constitutif de l'hypothèque ou du privilège, et celle de l'inscription*, cela, pour éviter que le créancier, d'accord avec le débiteur, ne retardât à dessein l'inscription, pour ménager au débiteur un crédit apparent. D'ailleurs, les tribunaux apprécieront les circonstances qui ont fait retarder l'inscription : l'inscription, quoique tardive, sera validée si elle n'a pas pu induire les tiers en erreur.

Nomination du juge-commissaire. — Le tribunal, par le jugement déclaratif, nomme un de ses membres pour juge-commissaire. Les fonctions de ce juge commencent au moment de la nomination, et continuent jusqu'à ce que le failli ait été remis à la tête de ses affaires par un concordat ou jusqu'à la liquidation définitive. Le tribunal peut, à toutes les époques, remplacer le juge-commissaire par un de ses membres ; et sa décision n'est pas susceptible de recours.

Ses fonctions. — Elles consistent non pas à administrer, mais à accélérer et surveiller les opérations de la faillite. A cet effet, il préside l'assemblée des créanciers, assiste à la vérification des créances, ordonne les répartitions de deniers entre les créanciers, et fait au tribunal de commerce le rapport de toutes les contestations suscitées par la faillite, et qui sont de la compétence du tribunal.

Ses ordonnances ne sont susceptibles de recours devant le tribunal de commerce que dans des cas exceptionnels.

Apposition des scellés. — Par le jugement qui déclare la faillite, le tribunal ordonne l'apposition des scellés, mesure qui a pour but de prévenir les détournements. Il est donné avis par le greffier du tribunal de commerce, au juge de paix, de la disposition du jugement qui l'ordonne. D'ailleurs, dans l'hypothèse où le débiteur a disparu ou a détourné tout ou partie de son actif, le juge de paix peut, soit *d'office*, soit *sur la réquisition d'un ou plusieurs créanciers*, apposer les scellés, même avant ce jugement. Les scellés doivent être apposés sur les magasins, comptoirs, caisses, portefeuilles, meubles, etc. — En cas de faillite d'une société en nom collectif, ils sont apposés non seulement au siège principal de la société, mais encore au domicile particulier de chacun des associés. — Si la société est en commandite, ils le sont et au siège social, et au domicile du gérant ou des gérants responsables. — Le juge de paix doit donner avis, sans délai, de l'apposition des scellés au président du tribunal de commerce. — Si le juge-commissaire estime que l'actif du failli peut être inventorié en un seul jour, il n'est pas apposé de scellés et il est immédiatement procédé à l'inventaire.

Arrestation du failli. — Par le jugement qui déclare la faillite, le tribunal ordonne le dépôt de la personne du failli dans la maison d'arrêt pour dettes, ou la garde de sa personne par un officier de police ou de justice, ou par un gendarme. Cette mesure, encore applicable depuis l'abolition de la contrainte par corps, est prise dans l'intérêt de tous les créanciers et même dans un intérêt public : il faut examiner si la faillite n'est pas le résultat de quelque fraude qui mériterait d'être punie. D'ailleurs, dès avant la loi du 22 juillet 1867, abolitive de la contrainte par corps pour dettes, cette mesure était peu pratiquée.

Si le failli a fait lui-même sa déclaration de faillite en y joignant son bilan, le tribunal a la faculté de l'affranchir du dépôt ou de la garde de sa personne. En outre, le juge-commissaire, s'il ne trouve rien de répréhensible dans les affaires du failli, peut proposer de l'élargir purement et simplement, ou en donnant caution ; le failli peut lui-même solliciter cet élargissement du tribunal de commerce, qui statue après avoir entendu le juge-commissaire. Les créanciers ont le droit d'intervenir pour s'y opposer.

Lorsque les deniers de la faillite ne peuvent pas suffire aux frais nécessités par le jugement déclaratif, la publicité de ce jugement, l'apposition des scellés et l'incarcération du failli, le Trésor public en fait les avances sur ordonnance du juge-commissaire ; il en est remboursé par *privilège* sur les premiers recouvrements, sans préjudice toutefois du privilège du locateur.

Syndics. — Nommés par le jugement qui déclare la faillite, pour gérer les biens du débiteur dans l'intérêt des créanciers, ils sont dits *provisoires*, prennent les mesures relatives à l'apposition des scellés, à l'arrestation du failli, et commencent les opérations de la faillite qui sont les plus urgentes.

Le juge-commissaire convoque le plus promptement possible les créanciers présumés à se réunir dans un délai qui ne doit pas excéder *quinze jours*. Les créanciers réunis sont consultés sur la nomination des nouveaux syndics, qui sont nommés sur le rapport du juge-commissaire par le tribunal. Fréquemment, les premiers sont continués dans leurs fonctions. Ces syndics nouveaux ou continués sont *définitifs*. Ils peuvent être trois et être choisis, ou parmi les créanciers présumés, ou parmi d'autres personnes non créancières. Le tribunal peut leur allouer une indemnité sur le rapport du juge-commissaire. S'il y a lieu de procéder à l'adjonction ou au remplacement d'un ou plusieurs syndics, il en est référé par le juge-commissaire au tribunal de commerce. Si les créanciers ou le failli élèvent des réclamations contre les opérations des syndics, le juge-commissaire statue dans les *trois jours*. Sa décision, exécutoire par provision, peut être attaquée devant le tribunal de commerce. Le tribunal peut révoquer les syndics ; le juge-commissaire peut aussi, d'office, proposer au tribunal leur révocation.

Attributions. — Administrateurs représentant la masse des créanciers et le failli, ils font tous les actes utiles à l'intérêt commun : inventaire des biens du failli, recouvrement des dettes actives, vente des effets mobiliers et des marchandises, avec l'autorisation du juge-commissaire, vérification des créances, etc. Lorsqu'il y a plusieurs syndics, ils ne peuvent agir séparément ; et l'on décide qu'ils sont tenus *solidairement* par suite de leur administration. Toutefois, le juge-commissaire peut donner à un ou plusieurs d'entre eux l'autorisation spéciale de faire séparément certains actes d'administration, auquel cas, la responsabilité est individuelle.

Les syndics requièrent le juge de paix de procéder à l'apposition des scellés, lorsqu'elle n'a pas eu lieu avant leur nomination. Le juge-commissaire peut les dispenser de placer sous les scellés ou les autoriser à en extraire : 1° les vêtements, hardes, etc., nécessaires au failli et à sa famille ; 2° les objets sujets à dépérissement ; 3° les objets servant à l'exploitation du fonds de commerce, s'il y a lieu ; 4° les livres. Le juge de paix, après les avoir paraphés et en avoir constaté l'état extérieur dans son procès-verbal, les remet aux syndics ; 5° les effets de portefeuille à courte échéance ou susceptibles d'acceptation. Ils sont décrits et remis aux syndics, qui doivent faire toute diligence à cet effet. Les autres effets ne sont remis aux syndics qu'après avoir été cotés, paraphés et inventoriés : ils en font le recouvrement sur leurs seules quittances.

Le failli peut obtenir pour lui et sa famille, sur l'actif, des secours alimentaires, fixés, sur la proposition des syndics, par le juge-commissaire, sauf appel.

Les syndics doivent clore et arrêter les livres ; appeler le failli à cette opération ; et s'il ne se rend pas à leur invitation, le sommer de comparaître dans les quarante-huit heures, au plus tard. S'il justifie de causes d'empêchement reconnues valables par le juge-commissaire, il peut se faire représenter par un fondé de pouvoir.

Si le failli n'a pas déposé son bilan, il est dressé par les syndics, immédiatement, à l'aide des livres, papiers et renseignements de la faillite, et déposé au greffe du tribunal de commerce.

Levée des scellés et inventaire. — Dans les trois jours de leur nomination, les syndics requièrent la levée des scellés et procèdent à l'inventaire des biens du failli, lequel est présent ou dûment appelé. Il est dressé en double minute, en présence du juge de paix, qui signe les deux minutes à chaque vacation. L'une de ces minutes est déposée, dans les vingt-quatre heures de la clôture, au greffe du tribunal de commerce ; l'autre reste entre les mains des syndics. — Si la faillite est déclarée après décès, et qu'il n'ait point été fait d'inventaire, on procède à l'inventaire en présence des héritiers ou eux dûment appelés, dans les formes établies par la loi sur les faillites. — Les syndics doivent remettre au juge-commissaire, dans la quinzaine de leur entrée ou de leur maintien en fonctions, un mémoire ou compte sommaire de l'état apparent de la faillite, de ses principales causes et circonstances, et des caractères qu'elle paraît avoir. Le juge le transmet au procureur de la République avec ses observations.

Vente des meubles et marchandises. — L'inventaire terminé, les marchandises, l'argent, les titres, les meubles et effets du débiteur, sont remis aux syndics, qui s'en chargent au bas dudit inventaire. Les syndics procèdent à la vente des effets mobiliers et marchandises, avec l'autorisation du juge-commissaire, donnée après avoir entendu le failli. Cette vente est faite pour subvenir aux frais occasionnés par l'administration de la faillite. Le juge-commissaire décide si elle aura lieu à l'amiable ou aux enchères. — Il ne pourrait pas autoriser les syndics à vendre les immeubles. — Les syndics continuent à procéder au *recouvrement des créances*, sous la surveillance du juge-commissaire. Les deniers provenant des ventes et recouvrements sont, sous la déduction des sommes que le juge-commissaire estime être nécessaires pour les dépenses et frais, versés immédiatement par les syndics à la caisse des dépôts et consignations. Ils doivent en justifier dans les trois jours des recettes; et en cas de retard, ils sont obligés au payement des intérêts des sommes qu'ils n'ont pas versées.

Les deniers ne peuvent être retirés qu'en vertu d'une ordonnance du juge-commissaire, et à la charge d'obtenir préalablement mainlevée des oppositions,s'il en existe. — Les syndics peuvent, avec l'autorisation du juge, et le failli dûment appelé, *transiger* sur toutes les contestations qui intéressent la masse, même sur celles relatives à des droits et actions immobiliers. Si l'objet de la transaction est d'une valeur indéterminée, ou qui excède 300 francs, la transaction doit être homologuée par le tribunal de commerce si elle est relative à des droits mobiliers, et par le tribunal civil si elle est relative à des droits immobiliers. Le failli est appelé à l'homologation; son opposition suffit même pour empêcher la transaction si elle a pour objet des biens immobiliers. — Les syndics ne peuvent *compromettre* sans y être autorisés, ni déférer le *serment décisoire*. — Lorsque le failli a été affranchi du dépôt ou a obtenu un sauf-conduit, les syndics peuvent l'employer pour faciliter et éclairer leur gestion: le juge-commissaire fixe la rétribution de son travail.

Des actes conservatoires. — A compter de leur entrée en fonctions, les syndics sont tenus de faire tous actes pour la conservation des droits du failli contre ses débiteurs : interruption de prescription, protêts, poursuites en justice. Ils doivent poursuivre le recouvrement des billets dus au failli, faire inscrire les titres hypothécaires, prendre inscription, au nom de la masse des créanciers, sur les immeubles du failli. Cette hypothèque, une fois inscrite, sera opposable aux tiers qui n'ont pas traité avec le failli personnellement, et dont les inscriptions pourraient survenir après le jugement déclaratif de la faillite. Cette hypothèque est une *hypothèque légale.*

De la vérification des créances. — Les créanciers sont mis en demeure de produire leurs titres, soit par lettres individuelles, s'ils sont connus, soit par des inscriptions dans les journaux. Ils ont *vingt jours* à partir de cet avertissement; mais ce délai est augmenté à raison des distances. Ils doivent joindre à leurs titres un bordereau indicatif des sommes par eux réclamées: s'ils ont touché des à-comptes et si des intérêts leur ont été payés. La vérification doit commencer dans les *trois jours* qui suivent l'expiration du délai accordé pour les créanciers domiciliés en France. Le jour en est fixé par une nouvelle convocation, qui a lieu en assemblée générale. Tout créancier, vérifié ou porté au bilan, peut assister à la vérification des créances, et fournir des contredits aux vérifications faites et à faire. Le failli a le même droit. — Le procès-verbal de vérification indique le domicile des créanciers et de leurs fondés de pouvoirs. Il doit contenir en outre la description sommaire des titres et la mention des surcharges, ratures et interlignes. Enfin on mentionne au procès-verbal si la créance est admise ou rejetée. — Les créanciers établissent leurs créances par tous les moyens de preuve admis par la loi. De son côté, le juge-commissaire peut, même d'office, ordonner la représentation des livres des créanciers, ou demander qu'il en soit rapporté un extrait fait par les juges du lieu. — Lorsque la créance est admise, le procès-verbal exprime que le porteur du titre est reconnu créancier de la somme réclamée. Le juge-commissaire signe la déclaration. — Chaque créancier, immédiatement après la vérification, ou dans la huitaine, est tenu *d'affirmer*, en présence du juge-commissaire, que sa créance est sincère et véritable, cela, afin d'arrêter les manœuvres frauduleuses, la loi punissant des peines de la banqueroute frauduleuse l'affirmation de créances supposées. La loi n'exige pas une affirmation sous serment; et elle peut être faite par un fondé de pouvoirs. Le défaut d'affirmation dans la huitaine n'entraînerait pas, selon nous, déchéance. — Les causes d'annulation qui peuvent être proposées contre l'admission d'une créance au passif de la faillite sont le dol, la violence et l'erreur.

Quels créanciers sont soumis a la vérification et a l'affirmation. — Y sont soumis tous ceux qui font partie de la masse, sous peine de ne pouvoir voter au concordat, et de ne pouvoir prendre part aux répartitions de deniers. Toutefois, les créanciers connus ou inconnus qui ne se sont pas soumis à la *vérification* et à *l'affirmation* dans les délais prescrits par la loi, peuvent former à leurs frais une *opposition*, laquelle ne peut suspendre l'exécution des répartitions ordonnancées par le juge-commissaire, puisqu'elles sont définitives. Mais, dès que leur opposition est formée, ils doivent être compris dans les nouvelles répartitions que l'on fait, pour la somme déterminée provisoirement par le tribunal, et qui est tenue en réserve jusqu'au jugement de l'opposition. En outre, ils peuvent prélever sur l'actif non encore réparti les dividendes afférents à leurs créances dans les premières répartitions; de sorte qu'ils ne courent le risque de perdre que dans le cas où les sommes restant à répartir ne seraient pas suffisantes pour les couvrir.

Des créanciers privilégiés ou hypothécaires. — Ils doivent se faire vérifi r, si, à défaut de leur privilège et de leur hyppothèque, ils veulent figurer dans la masse chirographaire. — Mais s'ils poursuivent seulement leur gage spécial (s'ils produisent dans un ordre ouvert sur l'immeuble à eux hypothéqué), ils n'y sont pas obligés, selon nous; ils ne sont pas dans la masse. Cependant on pourra contester soit leur créance, soit leur hypothèque ou leur privilège. — Ce système ne s'applique pas aux *créanciers à privilège général* : n'ayant pas un droit spécial sur un bien, ils sont en conflit avec les créanciers chirographaires sur la même masse de biens.

Du cas où les créances sont contestées. — Si une créance est contestée, le juge-commissaire peut, sans qu'il soit besoin de citation, renvoyer à bref délai devant le tribunal de commerce, qui jugera sur son rapport. Le tribunal peut ordonner qu'il soit fait, devant le juge-commissaire, enquête sur les faits, et que les personnes qui pourront fournir des renseignements soient à cet effet citées pardevant lui. — Si le litige est de la compétence du tribunal de commerce, il statuera sur le point de savoir si l'on passera outre. — Quant au point de savoir si le créancier sera ou non admis provisoirement, il faut distinguer : s'il s'agit d'une action civile, le tribunal civil statuera sur l'admission provisoire. S'il s'agit d'une action criminelle, l'admission provisoire ne pourra pas être prononcée : c'eût été créer un préjugé favorable au prévenu. — Le créancier dont le privilège ou l'hypothèque seulement serait contesté sera admis dans les délibérations de la faillite comme créancier ordinaire. Toute créance peut être contestée jusqu'à la clôture du procès-verbal de vérification et jusqu'à l'expiration de la huitaine accordée pour l'affirmation des dernières créances vérifiées.

Pour quelle quotité chaque créancier figure. — Il figure pour la quotité de sa créance admise et vérifiée. — Mais *quid*, si un créancier a pour obligés, par ex. un débiteur principal et une caution, ou plusieurs codébiteurs solidaires, tous obligés au payement intégral, devra-t-il figurer dans la faillite de l'un d'eux pour la totalité de sa créance, lors même qu'il aurait reçu d'un autre un payement partiel ? Il faut distinguer :

a. Tous les coobligés sont en faillite avant qu'aucun payement ait été fait : le créancier figurera pour le total primitif de sa créance, sans toutefois pouvoir toucher plus que ce qui lui reste dû; et à cet effet, on inscrira sur son titre la somme pour laquelle il est admis et les dividendes qui lui sont payés. D'ailleurs, il n'y a aucun recours de masse à masse tant que le créancier n'est pas désintéressé : il n'y a lieu a recours que lorsque le créancier intégralement payé laisse dans une masse un reliquat.

b. Le créancier a reçu un payement partiel d'un débiteur solvable, à un moment où tous les autres l'étaient aussi : il ne sera plus créancier que du surplus.

c. Le payement partiel a été fait par un débiteur solvable, mais à un moment où d'autres coobligés étaient en faillite : le créancier qui a volontairement accepté ce payement partiel peut toujours obtenir un payement intégral; et quand tous ses débiteurs tomberaient en faillite, il figurerait dans toutes les masses pour l'intégralité de ce qui lui reste dû.

d. Le payement a été fait par un débiteur en faillite pendant que d'autres étaient solvables, mais ceux-ci ou quelques-uns d'entre eux sont ensuite tombés en faillite : le créancier, dans les nouvelles faillites, figurera toujours pour le montant intégral de sa créance.

Lorsqu'un concordat est intervenu, les créanciers, malgré les remises qu'ils ont faites au failli, n'en conservent pas moins leur action, pour ce qui ne leur est pas payé, contre les coobligés solidaires ou les cautions du failli, car cette remise n'est pas volontaire. Il en est ainsi, même à l'égard du créancier qui a adhéré volontairement au concordat, au lieu d'attendre qu'on le fasse homologuer.

DU CONCORDAT. — C'est un traité par lequel les créanciers remettent le failli à la tête de ses affaires en lui accordant, soit des facilités de payement, soit même des remises. Si, alors qu'il est sur le point de faire faillite, ils lui accordent des termes et délais pour se libérer, il y a *atermoiement*.

Formation du concordat. — Il ne peut être consenti qu'après la formation du bilan, l'inventaire, la vérification des créances, etc. La loi exige, sous peine de nullité du concordat : 1° la *majorité en nombre* des créanciers; 2° les *trois quarts en sommes*, cela, afin que les petits créanciers ne soient pas à la merci des plus considérables; et *vice versa*, pour empêcher les petits créanciers d'imposer leur volonté à ceux qui sont créanciers de sommes plus considérables. — Si un créancier est *cessionnaire* de plusieurs créances, il n'aura qu'une voix. — Si, en sens inverse, une créance, primitivement unique, a été cédée à plusieurs personnes, elles n'auront qu'une voix à elles toutes si les cessions ont été faites après le jugement déclaratif; mais si les cessions ont eu lieu avant le jugement, elles auront chacune une voix. — La majorité en nombre doit se compter sur tous les créanciers vérifiés et affirmés et non pas seulement sur les créanciers présents au vote.

Des créanciers hypothécaires, privilégiés, ou nantis d'un gage. — Ils ne sont pas admis à voter au concordat. De là, pour composer la majorité des trois quarts en sommes, on retranche leurs créances de l'état des créances vérifiées: sinon, ces créanciers, qui sont pourvus de garanties spéciales, voteraient sans difficulté des remises qui ne seraient supportées en définitive que par les créanciers chirographaires.

Si un créancier hypothécaire, privilégié, ou nanti d'un gage, vote au concordat, ce vote entraîne de plein droit, renonciation à sa garantie. Toutefois, rien ne l'empêche de voter, s'il est en même temps créancier pour des sommes non garanties par une hypothèque ou un privilège. D'ailleurs, le créancier qui renoncerait à son hypothèque, privilège ou gage, pourrait prendre part à la délibération. Mais il doit opter; il n'a que le choix de renoncer complètement à son hypothèque, ou de ne pas prendre part au vote. Si son privilège ou hypothèque est contesté, le créancier peut délibérer, sans perdre sa garantie dans le cas où son droit viendrait plus tard à être reconnu.

Le concordat doit, à peine de nullité, être *signé* séance tenante. La loi a voulu empêcher que le failli ne cherchât à obtenir des signatures par obsession, en allant au domicile des créanciers.

Lorsque les deux majorités en nombre et en sommes ne sont pas obtenues, la délibération est remise à huitaine pour tout délai. Dans ce cas, les résolutions prises et les adhésions données lors de la première séance demeurent sans effet. — S'il n'y avait ni majorité en nombre ni majorité en sommes, une remise serait impossible. — Dans le cas où la délibération a été remise parce qu'il manquait l'une ou l'autre majorité, si, lors de la seconde réunion, il n'y a toujours qu'une seule majorité, le concordat est définitivement rejeté. — Si, au contraire, les deux majorités existent, il est admis, et le juge-commissaire dresse un procès-verbal de cette seconde réunion, auquel l'acte de concordat est annexé.

Cas où le concordat est impossible. — Si le failli a été condamné comme banqueroutier frauduleux, le concordat ne peut être formé: mais il peut être accordé à celui qui a été condamné comme banqueroutier simple, qui n'est peut-être coupable que d'imprudence ou de négligence. — Lorsqu'une instruction en banqueroute frauduleuse est commencée, les créanciers sont convoqués à l'effet de décider s'ils se réservent de délibérer sur un concordat, en cas d'acquittement, et si, en conséquence, ils veulent surseoir à statuer jusqu'à l'issue des poursuites.

Opposition. — Tous les créanciers ayant eu droit de concourir au concordat, ou dont les droits ont été reconnus depuis, peuvent y former opposition. Elle n'est pas recevable de la part des créanciers qui n'ont été ni vérifiés ni affirmés ou qui ont été admis par provision avec voix de délibération; ni de la part des créanciers hypothécaires ou privilégiés, car ils sont exclus du vote au concordat. — Le droit d'opposition appartient à tous autres créanciers, signataires ou non du concordat.

L'opposition doit indiquer les motifs sur lesquels elle est fondée ; être signifiée aux syndics et au failli, à peine de nullité, dans les huit jours qui suivent le concordat ; et contenir assignation à la plus prochaine audience du tribunal de commerce.

L'opposition formée par un syndic est signifiée à son ou à ses collègues ; s'il est seul syndic, il doit sans délai provoquer la nomination d'un nouveau syndic auquel l'opposition sera signifiée.

Les contestations auxquelles les oppositions donnent lieu sont jugées par le tribunal de commerce, sauf à surseoir si le jugement de l'oppostion dépend de questions étrangères à sa compétence.

Homologation. — Elle est poursuivie devant le tribunal de commerce, à la requête de la partie la plus diligente, ce qui comprend non seulement les créanciers, mais encore les syndics: même un seul syndic, quoiqu'il y en ait deux de nommés. Le tribunal ne peut statuer avant l'expiration du délai de huitaine, accordé pour former opposition. — Si pendant ce délai il a été formé des oppositions, le tribunal statue sur ces oppositions et sur l'homologation. par un seul et même jugement. L'admission d'une seule opposition entraîne l'annulation du concordat à l'égard de tous les intéressés. — Dans tous les cas, avant qu'il soit statué sur l'homologation, le juge-commissaire doit faire au tribunal de commerce un rapport sur les caractères de la faillite et sur l'admissibilité du concordat. — Qu'il y ait ou non opposition, le tribunal peut refuser l'homologation, soit pour inobservation des règles prescrites, soit pour des motifs tirés de l'intérêt public.

Le tribunal, qui peut refuser d'homologuer le concordat, ne peut pas *modifier* les stipulations qui y sont contenues ; par ex. le mode de vente des biens adopté par les parties. Sa décision est susceptible d'appel ; le délai pour appeler n'est que de *quinze jours*, mais ce délai est suspensif de l'exécution : on ne peut exécuter le jugement qu'après son expiration. — Il n'est pas soumis à la censure de la Cour de cassation : il n'est fondé que sur des éléments de fait.

Effets du concordat. — Le concordat dûment homologué produit les effets suivants : 1° *Il est obligatoire pour tous les créanciers* portés ou non au bilan, vérifiés ou non vérifiés. — Il n'est pas opposable aux créanciers privilégiés, hypothécaires ou nantis d'un gage. 2° Il entraîne *cessation du dessaisissement*. Les syndics rendent au failli leur compte définitif, en présence du juge-commissaire, et lui remettent ses biens, papiers livres et effets. Les créanciers reprennent le droit d'exercer des poursuites individuelles, mais avec les restrictions faites à leurs créances par le concordat. 3° *L'hypothèque des créanciers est conservée* par la transcription du jugement d'homologation ; elle assure aux créanciers concordataires leur préférence contre les créanciers postérieurs : c'est une espèce de séparation des patrimoines.

Le concordat n'affranchit pas le failli des poursuites en banqueroute simple.

Est *nul*, à l'égard de toutes personnes. même du failli, tout traité particulier duquel résulterait en faveur d'un créancier un avantage à la charge de l'actif de la faillite.

Les *remises* contenues dans le concordat éteignent l'*obligation civile* du failli, qui ne peut plus être poursuivi à raison de la partie remise de ses dettes. Elles laissent subsister une *obligation naturelle*.

Le concordat n'entraîne pas *novation ;* les *cautions* ou *coobligés solidaires* du failli, qui pourront être obligés de payer la partie de la dette remise par le concordat, n'auront pas de recours contre le concordataire.

La remise consentie par un concordat n'étant pas une libéralité, si le failli devient héritier de l'un de ses créanciers, après avoir obtenu un concordat, ses cohéritiers ne peuvent pas, selon nous, le forcer à *rapporter* à la succession de ce créancier la portion de la dette qui lui a été remise par ce traité.

Exécution du concordat. — Le concordataire doit exécuter les engagements pris par lui dans le concordat, notamment payer ses créanciers avec les réductions qui lui ont été faites et aux termes fixés. En cas d'inexécution, il est exposé aux poursuites des créanciers et à la résolution du concordat pour inexécution des conditions. Il peut être poursuivi pour les dettes qu'il a contractées pendant la durée des opérations de la faillite, car, malgré le dessaisissement, il n'a pas été frappé d'incapacité ; mais ses immeubles seront tenus en respect par l'hypothèque légale au profit de la masse pourvu que les syndics l'aient fait inscrire.

Annulation et résolution du concordat. — Le concordat, une fois homologué, est en principe irrévocable. — EXCEPTIONS : 1° la nullité peut en être demandée pour cause de dol, résultant soit de *la dissimulation* de l'actif, soit de *l'exagération du passif*. 2° La nullité du concordat a lieu de plein droit par suite de *la condamnation du failli pour banqueroute frauduleuse, intervenue après l'homologation.* L'action en nullité durera dix ans. 3° Il peut être résolu, *en cas d'inexécution des engagements pris par le failli.* L'action en résolution peut être intentée pendant trente ans, qui commencent à courir, non du jour du concordat, mais au moment du refus d'exécuter. La résolution, qui ne peut être prononcée qu'en justice, peut être, selon nous, poursuivie par un *seul créancier*. La demande est jugée en présence des cautions, s'il en existe, car la résolution du concordat n'a pas pour effet, comme l'annulation, de libérer les cautions qui y sont intervenues pour en garantir l'exécution totale ou partielle.

DIFFÉRENCES ENTRE

L'annulation	et **La résolution.**
1° Elle est prononcée pour des causes contemporaines du concordat, à raison des vices qui affectaient le traité dès son origine, *ex causa antiqua.*	Elle est prononcée pour des faits postérieurs au traité.
2° Elle est admise pour cause de *dol* découvert depuis l'homologation, et résultant soit de la *dissimulation de l'actif*, soit de *l'exagération du passif*, et en cas *de condamnation pour banqueroute frauduleuse*.	Elle est admise pour *inexécution des conditions* (non payement de la partie de ses dettes anciennes non remise par le concordat.)
3° L'action en nullité dure dix ans.	L'action en résolution dure trente ans.
4° Elle libère de plein droit les *cautions* et les *coobligés solidaires* du failli.	Elle ne libère pas les cautions qui sont intervenues au concordat pour en garantir l'exécution totale ou partielle.
5° Elle ne peut pas donner lieu à un nouveau concordat ; les créanciers sont en état *d'union*.	Un nouveau concordat peut avoir lieu en cas de résolution du premier, par ex. si des circonstances malheureuses ont empêché le débiteur de remplir ses engagements.

Conséquences de l'annulation ou de la résolution. — Quant le concordat est annulé ou résolu, la faillite recommence. Sur le vu de l'arrêt de condamnation pour banqueroute frauduleuse, ou par le jugement qui prononce soit l'annulation, soit la résolution du concordat, le tribunal de commerce nomme un juge-commissaire et un ou plusieurs syndics ; on procède comme aux premiers moments de la faillite déclarée. Les syndics dressent, s'il y a lieu, un bilan supplémentaire ; un supplément d'inventaire; font, par des affiches et insertions, invitation aux créanciers nouveaux, s'il en existe, de produire dans les *vingt jours* leurs titres de créance à la vérification. On procède à la vérification de leurs créances, sans recommencer la vérification de celles qui avaient déjà été admises et affirmées. Enfin, on délibère sur le point de savoir si un nouveau concordat devra être accordé.

Nullités. — Les actes faits par le failli *postérieurement* au jugement d'homologation du concordat par suite duquel il a été remis à la tête de ses affaires, et *antérieurement* à l'annulation ou à la résolution du concordat, ne sont annulés qu'en cas de fraude aux droits des créanciers, d'après les principes de *l'action paulienne* (art. 1166, C. civ.). Les nullités prévues par les art. 446 et suiv. ne sont pas applicables : il n'y a pas présomption de fraude.

En cas d'annulation ou de résolution, les créanciers antérieurs au concordat rentrent dans l'intégralité de leurs droits à l'égard du failli : les remises qui avaient été consenties n'existent plus. — A l'égard de la masse il faut distinguer : *a.* S'ils n'ont rien touché du dividende promis par le concordat, ils figurent dans la masse pour l'intégralité de leurs créances ; *b.* s'ils ont reçu une partie du dividende, ils figurent pour la portion de leurs créances primitives correspondant à la portion du dividende promis qu'ils n'ont pas touchée.

Ces dispositions sont applicables au cas où une *seconde faillite* viendrait à s'ouvrir sans qu'il y ait eu préalablement annulation ou résolution du concordat.

De la clôture en cas d'insuffisance d'actif. — Si, avant l'homologation du concordat ou la formation de l'union, le cours des opérations de la faillite se trouve arrêté par l'insuffisance *de l'actif* qui ne fournit point aux syndics les ressources nécessaires pour faire face aux dépenses, le tribunal de commerce peut, sur le rapport du juge-commissaire, prononcer même d'office la clôture de la faillite. Ce jugement fait rentrer chaque créancier dans l'exercice de ses actions individuelles. Le failli ou tout autre intéressé peut, à toute époque, le faire rapporter par le tribunal, en justifiant qu'il existe des fonds pour faire face aux opérations de la faillite, ou en faisant consigner entre les mains des syndics une somme suffisante pour y pourvoir. — Malgré la reprise des poursuites individuelles, les autres effets de la faillite subsistent, surtout le *dessaisissement*; et les créanciers nouveaux ne pourraient pas prétendre venir en concours avec les créanciers antérieurs, même sur les biens advenus au failli postérieurement à la clôture.

L'exécution du jugement qui prononce la clôture des opérations de la faillite est suspendu pendant un mois à partir de sa date.

Lorsque le jugement de clôture est rapporté, les créanciers qui ont été payés dans l'intervalle seront tenus de remettre à la masse les sommes qu'ils ont touchées : la clôture n'a pas pour effet de faire cesser l'état de faillite, mais d'en interrompre les opérations et de faire rentrer les créanciers dans l'exercice de leurs actions individuelles.

DE L'UNION DES CRÉANCIERS. — L'union est la situation qui, à l'inverse du concordat, consomme la ruine du débiteur par la vente de ses biens. L'état d'union dure jusqu'à la liquidation définitive de la faillite. Lorsque c'est une société qui est mise en faillite, et qu'il n'intervient point de concordat, tout l'actif social est soumis au régime de l'union ainsi que les biens personnels des associés responsables. Si un concordat est consenti en faveur de l'un des associés, ne sont soumis au régime de l'union que les biens qui appartiennent à la société, ainsi que les biens personnels des associés qui n'obtiennent pas de concordat.

Organisation de l'union. — Dès que les créanciers sont en état d'union, ils sont consultés immédiatement sur les faits de la gestion, sur l'utilité du maintien ou du remplacement des syndics qui ont administré la faillite jusqu'à la période de l'union : les créanciers privilégiés, hypothécaires ou nantis d'un gage sont admis à cette délibération. Il est dressé procès-verbal des dires et observations des créanciers, et, sur le vu de cette pièce, le tribunal maintient les anciens syndics (ils sont dits *syndics de l'union*) ou en nomme de nouveaux. Les syndics non maintenus rendent leur compte aux nouveaux syndics en présence du juge-commissaire, le failli appelé. Les syndics représentent la masse des créanciers et sont chargés de procéder à la liquidation.

Secours au failli. — Si la majorité (la moitié plus un) des créanciers présents consent à accorder un secours au failli sur l'actif de la faillite, les syndics en proposent la quotité, qui est fixée par le juge-commissaire, sauf recours au tribunal de commerce de la part des syndics.

Pouvoirs des syndics. — Ils poursuivent la vente des biens, liquident les dettes actives et passives du failli, le tout sous la surveillance du juge-commissaire. Ils peuvent transiger sur toute espèce de droits mobiliers ou immobiliers du failli, avec l'autorisation du juge-commissaire et le failli dûment appelé. Le failli ne peut pas, par son *veto*, mettre obstacle à la transaction.

Si la *continuation de l'exploitation* présente des avantages évidents, notamment si elle a pour but d'éviter les dépréciations trop considérables des marchandises qui se produiraient si l'on voulait vendre immédiatement et à tout prix, elle peut être décidée, à la majorité des *trois quarts* des créanciers en nombre et en somme, en présence du juge-commissaire. En outre, les créanciers dissidents et le failli peuvent y former opposition, laquelle n'est pas suspensive de l'exécution. Le mandat de continuer l'exploitation est donné aux syndics.

Quand les opérations des syndics entraînent des engagements, par ex. pour achat de matières premières, les créanciers n'en sont tenus que jusqu'à concurrence de l'actif; mais quand les engagements excèdent l'actif, les créanciers qui ont autorisé les opérations sont seuls tenus personnellement au delà de leur part dans l'actif, au prorata de leurs créances, sans solidarité entre eux, de tous les engagemens pris par les syndics dans les limites de leur mandat.

L'union peut se faire autoriser par le tribunal, le failli dûment appelé, à *traiter à forfait*, soit avec le débiteur à qui on ferait des concessions pour obtenir un payement, soit avec des tiers à qui on vendrait les créances, de tout ou partie des droits et actions dont le recouvrement n'aurait pas été opéré, et à les aliéner; auquel cas les syndics feront tous les actes nécessaires.

Réalisation de l'actif. — Les syndics sont chargés de poursuivre la vente des immeubles, marchandises et effets mobiliers du failli, et la liquidation de ses dettes actives et passives; le tout, sous la surveillance du juge-commissaire, et sans qu'il soit besoin d'appeler le failli.

S'il n'y a pas de poursuite en expropriation des immeubles commencée avant l'époque de l'union, les syndics seuls sont admis à poursuivre la vente; ils sont tenus d'y procéder dans la huitaine, sous l'autorisation du juge-commissaire. Les formes de la vente sont celles des *ventes des biens des mineurs*, aux enchères publiques, devant le tribunal civil.

La *surenchère*, ouverte à toute personne, doit être faite dans la *quinzaine*; elle ne peut être au-dessous du *dixième* du prix principal de l'adjudication. L'adjudication par suite de surenchère est définitive : *surenchère sur surenchère ne vaut.* Les créanciers hypothécaires ne sont pas, selon nous, tenus de surenchérir dans le délai de quinzaine : ils ne sont pas reliés à la procédure; on ne leur notifie pas le cahier des charges.

Répartitions entre les créanciers. — Le montant de l'actif mobilier, distraction faite des frais et dépenses de l'administration de la faillite, des secours qui auraient été accordés au failli ou à sa famille, et des sommes payées aux créanciers privilégiés, est réparti entre tous les créanciers au marc le franc de leurs créances vérifiées et affirmées. On répartit aussi le prix des immeubles, s'ils ne sont pas absorbés par les hypothèques. Ordinairement il y a plusieurs répartitions.

A cet effet, les syndics remettent tous les mois, au juge-commissaire, un état de situation de la faillite et des deniers déposés à la caisse des dépôts et consignations; le juge-commissaire ordonne, s'il y a lieu, une répartition entre les créanciers, en fixe la quotité, et veille à ce que tous les créanciers en soient avertis.

Pour accélérer, on procède sans la présence des créanciers domiciliés hors du territoire continental de la France; mais on réserve la part correspondante à leurs créances, laquelle demeure à la caisse des dépôts et consignations; puis, à l'expiration d'un certain délai, est répartie entre les créanciers reconnus, si les créanciers domiciliés en pays étranger n'ont pas fait vérifier leurs créances. La même réserve est faite pour les créances conditionnelles et pour celles sur l'admission desquelles il n'a pas été statué définitivement.

Payement des dividendes. — Nul payement ne peut être fait par les syndics que sur la représentation du titre constitutif de la créance. Néanmoins, on peut y suppléer par le procès-verbal de vérification. Les payements doivent être mentionnés sur le titre, et le créancier donner quittance en marge de l'état de répartition.

Assemblée des créanciers et clôture de la faillite. — Les créanciers en état d'union sont convoqués au moins une fois dans la première année, et, s'il y a lieu, dans les années suivantes, par le juge-commissaire. Dans ces assemblées, les syndics doivent rendre compte de leur gestion. Ils peuvent être continués dans l'exercice de leurs fonctions.

Clôture de la faillite. — Lorsque la liquidation de la faillite est terminée, les créanciers sont convoqués par le juge-commissaire. Dans cette dernière assemblée, ils rendent leur compte. Le failli est présent ou dûment appelé.

Déclaration d'excusabilité du failli. — Avant la loi du 21 juillet 1867, elle avait pour but d'éviter au failli la contrainte par corps de la part des créanciers qui n'avaient pas été intégralement payés. Depuis cette loi, elle n'a plus qu'une utilité morale : l'intérêt de l'honneur du failli. — Les créanciers donnent leur avis, et il en est dressé procès-verbal. Le juge-commissaire présente au tribunal la délibération des créanciers relative à l'excusabilité du failli, et un rapport sur les caractères et les circonstances de la faillite. Le tribunal prononce. — Ne peuvent être déclarés excusables : les banqueroutiers frauduleux, les stellionataires, les personnes condamnées pour vol, escroquerie ou abus de confiance, les comptables de deniers publics.

Dissolution de l'union. — La dissolution de l'union fait cesser le dessaisissement avec tous ses effets. Les créanciers reprennent leurs droits de poursuite individuelle sur les nouveaux biens que le failli pourra acquérir, mais ces poursuites sont désormais soumises aux règles du droit civil sur les saisies : une nouvelle déclaration de faillite ne peut plus être provoquée pour les mêmes causes : *faillite sur faillite ne vaut.*

CONCORDAT PAR ABANDON D'ACTIF. — En dehors du *concordat* et de l'*union*, il peut intervenir entre un commerçant failli de bonne foi et ses créanciers un *concordat par abandon*, traité qui le libère moyennant l'abandon de ses biens, et lui restitue sa capacité contractuelle. Réglé par la loi du 17 juillet 1856, il est consenti par la majorité des créanciers en nombre et des trois quarts en somme. Il est obligatoire pour tous les créanciers dès qu'il a été homologué par le tribunal de commerce. La liquidation se fait comme sous le régime de l'union.

L'abandon peut être total ou partiel. A la différence de l'union, qui laisse le failli exposé aux poursuites des créanciers, le concordat par abandon rend au failli sa capacité contractuelle, sa liberté d'action et le libère pour l'avenir. Il reste propriétaire des biens abandonnés ; les créanciers ont seulement le droit de réaliser l'actif et d'en répartir le prix entre eux.

Il laisse subsister le dessaisissement pour tous les biens présents, lesquels sont soumis au régime de l'union : et il ne s'étend pas aux biens ultérieurs du failli, dont il reprend la disposition. Il peut de nouveau se livrer au commerce.

Des créanciers nantis de gages. — Les créanciers nantis d'un gage ne sont inscrits au passif de la faillite que pour mémoire. Ils conservent le gage, dont ils peuvent provoquer la vente. Si le prix net de la vente excède le montant de la créance, cet excédant doit être versé dans la masse. Si le prix est inférieur à la somme qui leur est due, ils sont portés dans l'état du passif pour ce qui leur reste dû, et viennent à la contribution pour le surplus. Les syndics ont, d'ailleurs, à toute époque, avec l'autorisation du juge-commissaire, et tant que la vente n'a pas été opérée, le droit de retirer les gages au profit de la faillite, en remboursant la dette. Les gens de service habituel dans la maison du failli sont *privilégiés* pour le salaire de l'année échue et pour ce qui leur est dû sur l'année courante. Le privilège est étendu aux *ouvriers* pour le salaire acquis pendant *le mois* qui a précédé la déclaration de faillite, et aux *commis* pour les *six mois* qui ont précédé cette déclaration.

Du privilège du locateur d'immeuble. — Ce privilège, qui porte sur les fruits de la récolte, le prix de tout ce qui garnit la maison ou sert à l'exploitation de la ferme, a été modifié dans un sens restrictif par la loi du 12 février 1872. Cette loi, applicable seulement en cas de *faillite*, aux baux des immeubles affectés à un usage *industriel* ou *commercial*, y compris les locaux servant à l'habitation du failli et de sa famille, contient les dispositions suivantes :

1° *Si le bail est résilié*, le bailleur peut se faire colloquer par privilège pour les *deux dernières années* seulement de location échues, à dater du contrat, avant le jugement déclaratif de la faillite, et *pour l'année courante*, pour ce qui concerne l'exécution du bail et les dommages-intérêts, s'il y a lieu.

2° *Si le bail n'est pas résilié*, le bailleur, dès qu'il est payé des loyers échus, ne peut pas exiger le payement des loyers en cours ou à échoir, si les sûretés qui lui ont été données lors du contrat sont maintenues ou jugées suffisantes. Mais si les meubles garnissants sont vendus et enlevés, il peut se faire colloquer, d'abord comme en cas de résiliation, pour les *deux années* de bail échues, l'*année courante*, les indemnités et dommages-intérêts, s'il y a lieu : et, en outre, pour *une année* à échoir à partir de l'expiration de l'année courante, sans distinguer si le bail a ou non date certaine. Pour la partie de sa créance colloquée par privilège, le bailleur a le droit de produire à la faillite et de toucher des dividendes.

3° Si, à l'expiration de l'année à venir, pour laquelle le bailleur est colloqué par privilège, le failli ou ses représentants ne remplissent pas leurs engagements, le bailleur peut demander la résiliation du bail.

Faculté de sous-location. — La loi du 12 février 1872 accorde aux syndics la faculté de *sous-louer* l'immeuble ou de *céder* le bail sous les distinctions suivantes :

1° Si le bailleur a stipulé la prohibition de sous-louer ou de céder le bail, les créanciers de la faillite ne peuvent le sous-louer ni le céder à un tiers. — Toutefois, si le bailleur a reçu des loyers par anticipation, les créanciers de la faillite auront le droit de *relocation* pendant tout ce temps.

2° Si le contrat ne contient pas la prohibition de sous-location ou de cession, les syndics peuvent céder le bail pour tout le temps restant à courir, à charge par les cessionnaires de maintenir dans l'immeuble gage suffisant, et d'exécuter, au fur et à mesure des échéances, toutes les obligations résultant du droit ou de la convention.

En cas de sous-location ou de cession, la destination des lieux loués doit être respectée.

Privilège et revendication. — Le *privilège* et le droit de *revendication* accordés sous certaines conditions par l'art. 2102, C. civ. au vendeur d'effets mobiliers non payés ne sont pas admis en cas de faillite. On ne veut pas que des créanciers voient disparaître des valeurs mobilières dont la possession entre les mains du failli avait fait naître leur confiance en sa solvabilité.

Toutefois, le vendeur de marchandises peut revendiquer celles qui sont sorties de ses magasins et qui ne sont pas encore entrées dans ceux de l'acheteur; il peut revendiquer, quoiqu'il ait vendu avec terme, même après le délai de huitaine depuis que les marchandises sont sorties de ses magasins, pourvu qu'elles ne soient pas encore entrées dans ceux de l'acheteur.

Les créanciers privilégiés sur les meubles peuvent demander leur payement avant que la contribution sur le prix du mobilier soit ouverte. Les syndics présenteront au juge-commissaire l'état des créanciers se prétendant privilégiés sur les biens meubles, et le jugement autorisera, s'il y a lieu, le payement de ces créanciers sur les premiers deniers rentrés. Si le privilège est contesté, le tribunal civil appréciera.

Des droits des créanciers hypothécaires et privilégiés sur les immeubles. — Quand la distribution du prix des immeubles se fait *antérieurement* à celle du prix des meubles ou *en même temps*, les créanciers privilégiés ou hypothécaires, dont les créances ont été vérifiées et affirmées, qui ne sont pas colloqués en ordre utile, ou qui ne sont colloqués que pour partie, viennent à contribution avec les créanciers chirographaires sur l'actif mobilier pour ce qui leur est ou reste dû.

2° Si une ou plusieurs distributions des deniers mobiliers *précèdent* la distribution du prix des immeubles, ils concourent aux répartitions dans la proportion de leurs créances totales et sous la déduction des sommes par eux perçues dans la masse chirographaire. Les sommes ainsi déduites ne restent point dans la masse hypothécaire, mais retournent à la masse chirographaire, au profit de laquelle il en est fait distraction.

3° Quant aux créanciers hypothécaires qui ne sont colloqués que partiellement dans la distribution du prix des immeubles, leurs droits sur la masse chirographaire sont définitivement réglés d'après les sommes dont ils restent créanciers après leur collocation immobilière; et les deniers qu'ils ont touchés au delà de cette proportion, dans la distribution antérieure, leur sont retenus sur le montant de leur collocation hypothécaire, et reversés dans la masse chirographaire.

Des droits des femmes. — La loi du 20 mai 1838, *sur les faillites*, soumet les droits des femmes à des restrictions, dans l'intérêt du crédit commercial. En cas de faillite du mari, la femme dont les apports en immeubles ne se trouveraient pas mis en communauté reprend en nature lesdits immeubles et ceux qui lui sont survenus par succession ou par donation entre-vifs ou testamentaire.

Elle reprend pareillement les immeubles acquis par elle et en son nom des deniers provenant desdites successions et donations, pourvu : 1° que l'origine des deniers soit constatée par acte authentique; 2° qu'il y ait eu déclaration d'emploi dans l'acte d'acquisition de l'immeuble.

Sous quelque régime que les époux soient mariés, la présomption légale, sauf le cas de remploi, est que les biens acquis par la femme du failli appartiennent à son mari, ont été payés de ses deniers, et doivent être réunis à la masse de son actif, sauf à la femme à fournir la preuve du contraire.

L'action en reprise de la femme ne peut être exercée qu'à la charge de supporter les dettes et hypothèques dont les biens sont légalement grevés, soit que la femme s'y soit obligée volontairement, soit qu'elle y ait été condamnée.

La femme peut reprendre en nature les effets mobiliers qu'elle s'est constitués par contrat de mariage, ou qui lui sont advenus par succession, donation entre-vifs ou testamentaire, et qui ne sont pas entrés en communauté, toutes les fois que l'identité en est prouvée par inventaire ou tout autre acte authentique. — A défaut, par la femme, de faire cette preuve, tous les effets mobiliers tant à l'usage du mari qu'à celui de la femme, sous quelque régime qu'ait été contracté le mariage, sont acquis aux créanciers, sauf aux syndics à lui remettre, avec l'autorisation du juge-commissaire, les habits et les linges nécessaires à son usage.

Si la femme a payé des dettes pour son mari, la présomption légale est qu'elle l'a fait des deniers de celui-ci, et elle ne peut, en conséquence, exercer aucune action dans la faillite, sauf la preuve contraire.

Lorsque le mari est *commerçant* au moment de la célébration du mariage, ou lorsque n'ayant pas alors d'autre profession déterminée, il est devenu commerçant dans l'année, les immeubles qui lui appartenaient à l'époque de la célébration du mariage, ou qui lui seraient advenus depuis, soit par succession, soit par donation entre-vifs ou testamentaire, sont seuls soumis à l'hypothèque de la femme.

L'hypothèque légale a lieu : 1° pour les deniers et effets mobiliers qu'elle a apportés en dot, qui lui sont advenus depuis le mariage par succession ou donation entre-vifs ou testamentaire, à la charge de prouver la délivrance ou le payement par acte ayant date certaine ; 2° pour le remploi des biens aliénés pendant le mariage ; 3° pour l'indemnité des dettes par elle contractées avec son mari.

Le concordat obtenu par le failli ne fait pas cesser la restriction de l'hypothèque légale de la femme.

De même que la femme d'un failli ne peut exercer dans la faillite aucune action à raison des avantages que le mari lui a faits par le contrat de mariage, ainsi les créanciers ne peuvent, de leur côté, se prévaloir des avantages faits par la femme au mari dans ce même contrat.

DE LA REVENDICATION. — L'exercice de ce droit suppose que certaines valeurs se trouvent entre les mains du failli sans qu'il en soit propriétaire.

I. Revendication des effets de commerce ou autres titres de créances. — Peuvent être revendiqués, en cas de faillite, les remises en effets de commerce ou autres titres non encore payés, et qui se trouvent en nature dans le portefeuille du failli à l'époque de sa faillite, lorsque ces remises ont été faites par le propriétaire, avec le simple mandat d'en faire le recouvrement et d'en garder la valeur à sa disposition, ou lorsqu'elles auront été, de sa part, spécialement affectées à des payements déterminés. — Il faut assimiler aux *effets de commerce* les *titres au porteur*, mais non les *billets de banque*.

II. Revendication des marchandises déposées ou consignées pour être vendues.— Elles peuvent être revendiquées aussi longtemps qu'elles existent en nature, en tout ou en partie. Si elles ont été vendues, celui qui les a déposées ou consignées au failli peut *revendiquer le prix*, ou la partie du prix, qui n'a pas été payé ni réglé en valeurs, ni compensé en compte courant entre le failli et l'acheteur.

III. Revendication des marchandises vendues et non payées. — Le vendeur de marchandises n'a ni *privilège* ni action en *revendication*, ni action en *résolution*. Il a : 1° le droit de *rétention* sur les marchandises par lui vendues, qui ne sont pas délivrées au failli, ou qui n'ont pas encore été expédiées, soit à lui, soit à un tiers pour son compte ; 2° un droit de *revendication* sur les marchandises expédiées au failli, tant que la tradition n'en a pas été effectuée dans ses magasins, ou dans ceux du commissionnaire chargé de les vendre pour le compte du failli. C'est, selon nous, *l'exercice restreint du droit de résolution*. Il cesse même avant l'arrivée des marchandises, lorsqu'elles ont été revendues sans fraude, sur factures et connaissements ou lettres de voiture signées par l'expéditeur.

Quand le vendeur a le droit de revendiquer les marchandises, les syndics peuvent, avec l'autorisation du juge-commissaire, en exiger la remise, en payant au vendeur le prix convenu entre lui et le failli.

Les syndics peuvent, avec l'approbation du juge-commissaire, admettre les demandes en revendication : s'il y a contestation, le tribunal prononcera après avoir entendu le juge-commissaire.

Voies de recours contre les jugements rendus en matière de faillite. — Ces voies de recours sont : 1° *l'opposition*, de la part de ceux qui n'ont pas été parties au jugement ; 2° *l'appel*, de la part de ceux qui y ont été parties. Le délai d'appel est de quinze jours seulement, à compter de la signification.

Ne sont susceptibles ni D'OPPOSITION, *ni* D'APPEL, *ni de* RECOURS EN CASSATION, comme statuant sur des mesures très simples :

1° Les jugements relatifs à la nomination ou au remplacement du juge-commissaire, ou des syndics.

2° Les jugements qui statuent sur des demandes de sauf-conduit et sur celles de secours pour le failli et sa famille.

3° Les jugements qui autorisent à vendre les effets ou marchandises appartenant à la faillite.

4° Les jugements qui prononcent sursis au concordat, ou admission provisionnelle de créanciers contestés.

5° Les jugements par lesquels le tribunal de commerce statue sur les recours formés contre les ordonnances rendues par le juge-commissaire dans les limites de ses attributions.

DES BANQUEROUTES

Banqueroute simple. — Le commerçant failli *doit* être déclaré banqueroutier simple :

1° Si ses dépenses personnelles ou les dépenses de sa maison sont jugées excessives.

2° S'il a consommé de fortes sommes soit à des opérations de pur hasard, soit à des opérations fictives de bourse ou sur marchandises.

3° Si, après cessation de ses payements, il a payé un créancier au préjudice de la masse.

Le failli *peut* être déclaré banqueroutier simple :

1° S'il n'a pas tenu de livres et fait exactement inventaire.

2° S'il a contracté pour le compte d'autrui, sans recevoir des valeurs en échange, des engagements jugés excessifs.

3° S'il est de nouveau déclaré en faillite sans avoir satisfait aux obligations d'un précédent concordat.

La *banqueroute simple* est un délit, puni de peines correctionnelles. — La *banqueroute frauduleuse* est un crime puni de peines afflictives et infamantes.

Le délit de banqueroute simple peut être poursuivi non seulement par le ministère public, mais encore par les syndics, comme représentants de la masse des créanciers, soit par la voie de la plainte, soit par voie de citation directe devant le tribunal correctionnel. Tout créancier a le même droit

Frais de poursuite. — Ils sont à la charge du Trésor, dans tous les cas lorsqu'il y a poursuite du ministère public, et en cas de condamnation lorsqu'il y a poursuite des syndics, sauf recours du Trésor contre le failli pour le cas où, après l'obtention ou l'exécution du concordat, il reviendrait à meilleure fortune.

Les frais de poursuite intentée par les syndics sont mis, en cas d'acquittement, à la charge de la masse, c'est-à-dire de l'actif du failli.

Si c'est un créancier qui intente la poursuite, les frais sont supportés par le Trésor public, en cas de condamnation, et par le créancier en cas d'acquittement.

Banqueroute frauduleuse. — Il y a banqueroute frauduleuse :

1° Si le failli a soustrait ses livres, sauf à lui à établir sa bonne foi.

2° S'il a détourné ou dissimulé une partie de l'actif.

3° S'il a exagéré frauduleusement son passif.

Le banqueroutier frauduleux est puni de la peine des travaux forcés à temps. La poursuite est exercée par le ministère public. Les syndics et les créanciers peuvent se rendre partie civile.

Frais de poursuite. — Ils sont supportés par le Trésor. Ils ne peuvent, en aucun cas, et lors même que les syndics se seraient rendus partie civile, être à la charge de la masse. Toutefois, si un créancier s'est porté partie civile en son nom personnel, les frais, en cas d'acquittement, sont à sa charge.

De l'administration des biens en cas de banqueroute. — Les actions civiles et les dispositions relatives aux biens, prescrites pour la faillite, sont de la compétence exclusive du tribunal de commerce, sans qu'elles puissent être attribuées, ni évoquées aux tribunaux de police correctionnelle, ni aux Cours d'assises. La faillite suit sa marche propre et indépendante parallèlement à l'action publique pour banqueroute.

Toutefois, les syndics de la faillite sont tenus de remettre au ministère public, par la voie du greffe, les pièces, titres, papiers et renseignements qui leur sont demandés; et toutes mesures sont ordonnées pour mettre le ministère public sur la trace des infractions.

Des crimes et des délits commis dans les faillites par d'autres que par les faillis. — Sont passibles des peines de la banqueroute frauduleuse : les individus convaincus d'avoir, dans l'intérêt du failli, soustrait, recélé ou dissimulé tout ou partie de ses biens, meubles ou immeubles ou d'avoir frauduleusement présenté dans la faillite et affirmé, soit en leur nom, soit par interposition de personnes, des créances supposées; ou qui, faisant le commerce sous le nom d'autrui ou sous un nom supposé, se sont rendus coupables de faits entraînant banqueroute frauduleuse. Il est fait exception au principe d'après lequel les vols commis par le conjoint, les descendants, les ascendants ou les alliés au même degré ne sont pas punis.

Dans tous ces cas, la Cour ou le tribunal saisis statuent, lors même qu'il y aurait acquittement, sur les réparations civiles qui peuvent être dues.

Les syndics, reconnus coupables de malversation dans leur gestion, sont punis de peines correctionnelles.

Le créancier qui a stipulé, soit avec le failli, soit avec toutes autres personnes, des avantages particuliers à raison de son vote dans les délibérations de la faillite, ou qui a fait un traité particulier duquel résulterait en sa faveur un avantage à la charge de l'actif du failli, est puni d'un emprisonnement qui ne peut excéder une année, et d'une amende qui ne peut être au-dessus de 2,000 francs. — L'emprisonnement peut être porté à deux ans si le créancier est syndic de la faillite.

Les conventions sont, en outre, déclarées nulles à l'égard de toutes personnes, et même à l'égard du failli. Le créancier est tenu de rapporter à qui de droit les sommes ou valeurs qu'il a reçues en vertu des conventions annulées.

Si l'annulation des conventions est poursuivie par la voie civile, l'action est portée devant les tribunaux de commerce.

Les arrêts et jugements de condamnations rendus en matière de banqueroute sont affichés et publiés aux frais des condamnés.

DE LA RÉHABILITATION

C'est une déclaration de la justice qui a pour effet de réintégrer le failli dans les droits dont il jouissait avant la faillite.

Conditions. — Le failli doit intégralement acquitter en principal, intérêts et frais, toutes les sommes par lui dues. S'il était membre d'une société tombée en faillite, il doit justifier que toutes les dettes de la société ont été intégralement acquittées en principal, intérêts et frais, alors même qu'un concordat lui aurait été personnellement consenti.

DIFFÉRENCES ENTRE

La **réhabilitation commerciale** et	La **réhabilitation pénale.**
1° Elle est un droit pour le failli.	Elle est une faveur.
2° Elle exige que le failli justifie du payement intégral de ses dettes en capitaux, intérêts et frais.	Elle exige que le condamné ait subi sa peine ou obtenu sa grâce et qu'il justifie du payement des frais de justice, de l'amende et des dommages-intérêts.
3° Les banqueroutiers frauduleux, les personnes condamnées pour vol, escroquerie ou abus de confiance, les stellionataires, les tuteurs, administrateurs ou autres comptables qui n'ont pas rendu et soldé leur compte, ne sont point admis à la réhabilitation commerciale.	Ils sont admis à la réhabilitation pénale.
4° Elle est prononcée par la Cour d'appel.	Elle est prononcée par le chef de l'État, sur l'avis favorable de la Chambre des mises en accusation.
5° Elle peut être accordée après la mort du failli.	Elle n'est jamais accordée après la mort du condamné.
6° Elle peut être obtenue plusieurs fois, après plusieurs faillites successives.	Elle ne peut être accordée à celui qui, après une condamnation pour crime, a commis un nouveau crime et subi une nouvelle condamnation à une peine criminelle ; ni à celui qui, après avoir obtenu une réhabilitation, a encouru une nouvelle condamnation.

Procédure. — Il doit adresser sa *requête* à la Cour d'appel dans le ressort de laquelle il est domicilié, et joindre les *quittances* et autres pièces justificatives du payement intégral de ses dettes. Le procureur général adresse des expéditions de cette requête, certifiées de lui, au procureur de la République et au président du tribunal de commerce du domicile du failli, lesquels sont chargés de faire *afficher* copie de la requête, tant dans la salle d'audience du tribunal qu'à la Bourse et à la maison commune. Cette copie reste affichée pendant deux mois et est en outre insérée dans les journaux.

Pendant ce temps, tout créancier qui n'a pas été payé intégralement de sa créance, et toute autre partie intéressée, peut former *opposition* à la réhabilitation par un simple acte au greffe, appuyé de pièces justificatives. Le créancier opposant ne peut jamais être partie dans la procédure de réhabilitation.

Après l'expiration de *deux mois*, le procureur de la République et le président du tribunal de commerce transmettent, chacun séparément, au procureur général près la Cour d'appel, les renseignements qu'ils ont recueillis et les oppositions qui ont pu être formées. Ils y joignent leur avis sur la demande.

Le procureur général près la Cour d'appel fait rendre un arrêt portant admission ou rejet de la demande. Si la demande est rejetée, elle ne peut être reproduite qu'après *une année* d'intervalle.

L'arrêt portant réhabilitation est transmis aux procureurs de la République et aux présidents des tribunaux auxquels la demande a été adressée. Ces tribunaux en font faire la lecture publique et la transcription sur leurs registres.

Le failli peut être réhabilité après sa mort.

Effets. — La réhabilitation relève le failli des incapacités qu'il avait encourues par sa faillite, et qui consistaient dans l'incapacité d'être électeur ou éligible, agent de change ou courtier, l'impossibilité d'être admis à l'escompte par la Banque de France, l'exclusion de la Bourse, etc.

LIVRE QUATRIÈME

DE LA JURIDICTION COMMERCIALE

Organisation des tribunaux de commerce. — La juridiction des tribunaux de commerce est exceptionnelle : elle ne connaît que des affaires qui lui sont expressément attribuées par la loi, et elle n'existe que dans les arrondissements où un tribunal a été institué par le gouvernement. Un règlement d'administration publique (décret du président de la République rendu en Conseil d'État, détermine le nombre des tribunaux de commerce et les villes qui sont susceptibles d'en recevoir par l'étendue de leur commerce et de leur industrie.

L'arrondissement de chaque tribunal de commerce est le même que celui du tribunal civil dans le ressort duquel il est placé; et s'il se trouve plusieurs tribunaux de commerce dans le ressort d'un seul tribunal civil, il leur est assigné des arrondissement particuliers. — Chaque tribunal de commerce est composé d'un président, de juges et de suppléants. Le nombre des juges ne peut pas être au-dessous de deux, ni au-dessus de quatorze, non compris le président. Le nombre des suppléants est proportionné aux besoins du service. Un règlement d'administration publique fixe, pour chaque tribunal, le nombre des juges et celui des suppléants. — Les fonctions de juge de commerce sont seulement honorifiques. — Les tribunaux de commerce sont dans les attributions et sous la surveillance du ministre de la justice.

Nomination des juges. — Aux termes de la loi du 21 décembre 1871, ils sont nommés dans une assemblée d'électeurs pris parmi les commerçants recommandables par leur probité, esprit d'ordre et d'économie. Le nombre des électeurs est égal au *dixième* des commerçants inscrits à la patente; il ne peut dépasser *mille*, ni être inférieur à *cinquante*; dans le département de la Seine, il est de *trois mille*.

Composition de la liste des électeurs. — Elle est dressée par une commission composée : 1° du président du tribunal de commerce qui la préside, et d'un juge au tribunal de commerce; 2° du président et d'un membre de la Chambre de commerce; 3° de trois conseillers généraux choisis autant que possible parmi les membres élus dans les cantons du ressort du tribunal; 4° du président du conseil des prud'hommes, et s'il en a plusieurs, du plus âgé des présidents· 5° du maire de la ville où siège le tribunal de commerce, et, à Paris, du président du conseil municipal.

Ne peuvent être portés sur la liste : 1° les individus condamnés à certaines peines: 2° les officiers ministériels destitués; 3° les faillis non réhabilités, et généralement tous ceux que la loi électorale prive du droit de voter aux élections législatives.

La liste est envoyée au préfet, qui la fait publier et afficher.

Conditions d'éligibilité. — Il faut : 1° l'âge de trente ans ; 2° l'inscription à la patente depuis cinq années; 3° le domicile actuel dans l'arrondissement; pour être juge il faut, de plus, avoir été suppléant; pour être président, il faut avoir été juge et être âgé de quarante ans.

Élection des juges. — L'élection est faite au scrutin de liste pour les juges et les suppléants, et au scrutin individuel pour le président. Au premier tour de scrutin, nul n'est élu s'il n'a réuni la moitié plus un des suffrages exprimés et un nombre égal au quart du nombre des électeurs inscrits. Au deuxième tour, qui a lieu huit jours après, la majorité relative est suffisante. — Le président et les juges sortant d'exercice après deux années peuvent être réélus immédiatement pour deux autres années. Cette nouvelle période expirée, ils ne sont éligibles qu'après un an d'intervalle.

A la première élection, le président et la moitié des juges et des suppléants dont le tribunal est composé sont nommés pour deux ans : la seconde moitié des juges et des suppléants est nommée pour un an ; aux élections postérieures, toutes les nominations sont faites pour deux ans. Tous les membres compris dans une même élection sont soumis simultanément au renouvellement périodique, encore bien que l'institution de l'un ou de plusieurs d'entre eux ait été différée.

Ils prêtent serment, avant d'entrer en fonctions, à l'audience de la Cour d'appel. Les jugements sont rendus par *trois* juges au moins; aucun suppléant ne peut être appelé que pour compléter ce nombre.

Officiers auxiliaires de la juridiction commerciale. — Le ministère des avoués est interdit. Les parties peuvent se faire représenter par un mandataire qu'elles choisissent librement. Toutefois, la loi exclut les huissiers.

Dans la pratique, les mandataires choisis par les parties sont des *agréés près du tribunal de commerce*, nommés par le tribunal sur la présentation de l'ancien titulaire, après un certain stage et l'avis de la chambre de discipline. Ils sont soumis à la surveillance et à la police immédiate du tribunal. Ils sont quinze à Paris.

Dans les arrondissements où il n'y a pas de tribunaux de commerce, les juges du tribunal civil exercent les fonctions et connaissent des matières attribuées aux juges de commerce. L'instruction, dans ce cas, a lieu dans la même forme que devant les tribunaux de commerce, et les jugements produisent les mêmes effets. On admet que le ministère des avoués n'est pas obligatoire devant un tribunal civil jugeant commercialement, et que, dans le même cas, le ministère public ne peut assister aux audiences et poser des conclusions.

COMPÉTENCE. — On distingue la compétence *ratione materiæ*, ou quelles sont les matières pour lesquelles le tribunal de commerce est compétent: 2° la compétence *ratione personæ*, ou quel est celui, parmi les tribunaux du même ordre, qui doit être saisi de telle affaire particulière.

Compétence ratione materiæ. — Les tribunaux de commerce connaissent : 1° des contestations relatives aux engagements et transactions entre *négociants, marchands et banquiers*; 2° des contestations entre *associés*, pour raison d'une société de commerce; 3° des contestations relatives aux *actes de commerce*, entre toutes personnes. Si l'acte n'est commercial que pour une seule des parties, celui qui a fait un acte civil a le choix entre les deux juridictions.

En dehors des cas qui leur sont spécialement attribués par la loi, l'incompétence des tribunaux de commerce est *absolue*, *d'ordre public*, pouvant être invoquée en tout état de cause, et même être déclarée d'office par les juges. Toutefois, lorsqu'un billet à ordre ne contient que des signatures d'individus non négociants et n'a pas été fait pour un acte de commerce, le tribunal de commerce n'est tenu de renvoyer au tribunal civil que s'il en est requis par le défendeur.

Partout où il existe un tribunal de commerce, le tribunal civil est incompétent, pour tous les cas dévolus par la loi au tribunal de commerce, à raison de la matière ; le tribunal civil n'a pas de juridiction.

Compétence ratione personæ. — La règle *actor sequitur forum rei* est applicable en matière commerciale. Toutefois, le demandeur peut assigner, à son choix, non seulement devant le tribunal du *domicile du défendeur*, mais encore devant celui *dans l'arrondissement duquel la promesse a été faite et la marchandise livrée*, ou devant celui *dans l'arrondissement duquel le payement devait être effectué.*

Limites de la compétence en dernier ressort. — Ils jugent en dernier ressort : 1° les contestations dans lesquelles les parties ont consenti à être jugées définitivement et sans appel, quelle que soit l'importance du litige : 2° les demandes dont le principal n'excède pas la valeur de 1,500 fr. C'est aux conclusions définitives des parties que l'on s'attache pour reconnaître si le jugement est en premier ou en dernier ressort. On peut toujours se pourvoir, quelle que soit la quotité de la demande, par la voie de l'appel, contre la disposition du jugement qui statue sur une exception d'incompétence.

Procédure. — Le ministère des avoués est interdit. Le délai pour comparaître n'est que d'un jour, il peut même être abrégé. Les jugements des tribunaux de commerce sont toujours exécutoires par provision, c'est-à-dire nonobstant appel. Les tribunaux de commerce ne connaissent pas de l'exécution de leurs jugements.

L'appel est porté devant la Cour dans le ressort de laquelle le tribunal est situé. Les juges peuvent admettre le *défaut profit joint*, renvoyer la cause, en cas de plusieurs défendeurs et que l'un ne comparaît pas, à un autre jour avec signification au défaillant par un huissier commis, de manière à rendre une décision qui ne soit pas désormais susceptible d'opposition. La signification doit avoir lieu par un huissier commis. Le jugement par défaut contre la partie qui n'a pas comparu peut être attaqué par l'opposition, jusqu'à l'exécution. Il est réputé non avenu s'il n'a pas été exécuté dans les six mois de son obtention.

Appel. — Le délai pour interjeter appel est de *deux mois*, à compter du jour de la signification du jugement, pour ceux qui ont été rendus contradictoirement, et du jour de l'expiration du délai de l'opposition, pour ceux qui ont été rendus par défaut; l'appel peut être interjeté le jour même du jugement. Il est instruit et jugé comme l'appel des jugements rendus en matière sommaire.

DIFFÉRENCES ENTRE

La **procédure commerciale**	et La **procédure ordinaire**.
1° Le ministère des avoués est interdit.	Il est obligatoire.
2° Il n'y a pas de ministère public.	Il y a un ministère public.
3° Le délai pour comparaître n'est que d'un jour; et l'assignation peut même être donnée de jour à jour ou d'heure à heure.	Il est, en principe, de huit jours.
4° L'absence légale d'avoué empêche qu'il y ait aucune élection de domicile légalement impliquée.	Il y a de plein droit, chez l'avoué, élection de domicile.
5° L'étranger demandeur est dispensé de fournir la caution *judicatum solvi*.	Il y est astreint.
6° Le tribunal saisi d'un déclinatoire, par ex. pour incompétence, peut statuer par le même jugement sur le déclinatoire et sur le fond, pourvu que ce soit par deux dispositions distinctes.	Il y a controverse sur ce point.
7° Les jugements des tribunaux de commerce sont toujours exécutoires par provision, c.-à-d. nonobstant appel et avec ou sans caution, selon les cas.	L'exécution par provision n'a lieu que dans certains cas limitativement déterminés.
8° Ils ne connaissent pas de l'exécution de leurs jugements.	Ils en connaissent.
9° La question est controversée de savoir s'il faut admettre le *défaut profit-joint*.	Il est admis.
10° Tout jugement par défaut doit être signifié par un huissier commis.	La signification par un huissier commis n'a lieu que dans le cas où une partie n'a pas constitué avoué.
11° La signification doit, à peine de nullité, contenir élection de domicile dans le lieu où elle se fait, si le demandeur n'y est domicilié; cela, afin de permettre une procédure rapide.	Cette élection de domicile n'est pas exigée.
12° Le jugement est exécutoire un jour seulement après la signification; mais l'opposition suspend l'exécution.	Il est exécutoire huit jours après la signification.

DES CONSEILS DE PRUD'HOMMES

On distingue les *prud'hommes fabricants* et les *prud'hommes pêcheurs*. C'est une juridiction particulière, correspondant aux justices de paix. Elle est, comme celle des tribunaux de commerce, élective, temporaire et gratuite.

Prud'hommes fabricants. — Cette juridiction, fondée par la loi du 18 mars 1806 et modifiée par les lois du 1er juin 1853 et du 7 février 1880, statue sur les contestations qui peuvent s'élever entre les manufacturiers ou fabricants et les ouvriers qu'ils emploient. Ils sont établis par décrets rendus dans la forme des règlements d'administration publique. Ils se composent d'au moins six membres, non compris le président, le vice-président et le secrétaire. Ils sont élus pour six ans et se renouvellent par moitié tous les trois ans. Chaque conseil est composé moitié de patrons, moitié d'ouvriers, en nombre rigoureusement égal.

Sont électeurs : 1° Les patrons âgés de vingt-cinq ans accomplis, patentés depuis cinq ans au moins, et domiciliés depuis trois ans dans la circonscription du conseil; 2° les chefs d'atelier, contre maîtres et ouvriers âgés de vingt-cinq ans accomplis, exerçant leur industrie depuis cinq ans a moins, et domiciliés depuis trois ans dans la circonscription du conseil.

La liste électorale est dressée et arrêtée par le préfet.

Les patrons, réunis en assemblées particulières, nomment les prud'hommes patrons. — Les contr maîtres, chefs d'atelier et les ouvriers également réunis en assemblées particulières, nomment l prud'hommes ouvriers en nombre égal à celui des patrons.

Sont éligibles : les électeurs âgés de trente ans accomplis et sachant lire et écrire. — Aux term de la loi du 7 février 1880, le président et le vice-président sont élus, pour un an, par les membr du conseil et parmi eux. Quand le président est un patron, le vice-président est un ouvrier ou réc proquement. Le secrétaire est également élu.

Conciliation. — Chaque semaine, au moins, il est tenu une audience par deux membres, l'un p tron, l'autre ouvrier, composant ce qu'on appelle le *bureau particulier* ou de *conciliation.* Cette a dience est consacrée aux conciliations.

Lorsque le bureau de conciliation n'a pu parvenir à concilier les parties, il les renvoie deva le conseil proprement dit, qu'on appelle *bureau général* ou de *jugement.* Ce conseil se réunit a moins deux fois par mois.

Compétence. — Sont soumises à la juridiction des prud'hommes les contestations entre fabrica et ouvriers; les demandes à fin d'exécution ou de résolution du contrat d'apprentissage. Nul n'e justiciable de cette juridiction s'il n'est marchand, fabricant, chef d'atelier, contre-maître, ouvri compagnon ou apprenti, travaillant dans les fabriques des lieux qui forment l'arrondissement conseil.

Ils connaissent, en outre, des contraventions tendant à troubler l'ordre et la discipline des atelie ainsi que des manquements graves des apprentis envers leurs maîtres. Dans ce cas, ils ont le dro de prononcer contre le contrevenant la peine de trois jours d'emprisonnement au plus.

Procédure. — Les parties sont mandées, soit devant le bureau de conciliation, soit devant le b reau de jugement, par une lettre du secrétaire. Si le justiciable ne comparaît pas, il est cité p l'huissier attaché au conseil. La citation doit être notifiée au domicile du défendeur. Le délai po comparaître est d'un jour franc au moins.

Jugement. — Les jugements sont définitifs et sans appel lorsque le chiffre de la demande n'excè pas 200 fr. en capital. Au dessus de 200 fr. les jugements sont sujets à l'appel devant le tribun de commerce, ou à défaut du tribunal de commerce, devant le tribunal civil. Le délai de l'appel e de trois mois, à dater de la signification. On peut se pourvoir en cassation. Les jugements pa défaut qui n'ont pas été exécutés dans le délai de six mois de leur obtention sont réputés no avenus.

Prud'hommes pêcheurs. — Ils existent dans plusieurs villes maritimes et connaissent de tout les contestations qui s'élèvent entre les pêcheurs ou patrons-pêcheurs, au sujet de la pêche. — L procédure est expéditive et peu dispendieuse. Les décisions des prud'hommes pêcheurs, n'étan constatées par aucune écriture, sont à l'abri de tout recours.

Paris. — Imprimerie MOQUET, rue des Fossés-St-Jacques, 11.

TABLE DES MATIÈRES

Acceptation de la lettre de change . . 32
— par intervention 33
Accessoire (théorie de l') 4
Achats et ventes 27
Actes conservatoires 58
— de commerce 4
Action 10
Agents de change et courtiers 19
Agréés 70
Annulation et résolution du concordat . 61
Apposition des scellés 56
Arbitrage forcé 18
Arrestation du failli 56
Assemblée des créanciers 43
Association en participation 15
Assurances 49
Aval 36
Avaries 49
Banque de France 43
Banqueroute 67
Billet à ordre 40
— à domicile 41
Bourses de commerce 18
Capitaine 47
Change 29
Chartes-parties, affrètements ou nolissements 48
Chèque 41
Clôture en cas d'insuffisance d'actif . . 62
Commerçants 3 5
Commissionnaires 23
Communication des livres 6
Compétence des tribunaux de commerce 70
Comptabilité commerciale 6
Compte courant 43
Concordat 59
— par abandon d'actif 64
Connaissement 48
Conseils de prud'hommes 71
Contrat à la grosse 50
— de transport 25
Courtiers 19
Créanciers gagistes, privilégiés ou hypothécaires 64 65
Déconfiture 52
Dissolution des sociétés 17
Droits des femmes 65
Échéance de la lettre de change . . . 33
Endossement 22 34
— irrégulier 34 35
— pignératif 36
Effets publics 18
Entrepreneurs publics de transport . . 27
Faillite et banqueroute 52
Femme mariée 3
Prêt ou nolis 49
Gage 21
Homologation du concordat 60
Incapacités en matière de lettre de change 32
Intérêt 10
Inventaire 57
Jet et contribution 49
Juge-commissaire 56
Jugement déclaratif de faillite 53
Juridiction commerciale 69
Lettre de change 29
Lettre de voiture 25
Liquidation des sociétés 17
Livres de commerce 5
Magasins généraux 22
Matelots et gens de l'équipage 47
Mineur commerçant 3
Modalités des ventes commerciales . . 28
Navires 45
Nomination des juges 69
Opérations de bourse 19
Organisation des tribunaux de commerce 69
Payement de la lettre de change . . . 36
— par intervention 39
Perquisition (acte de) 38
Prescription 17 26 41 51
Preuve 27
— des sociétés 16
Procédure commerciale 71
Protêt 38
Publicité du contrat de mariage . . . 7
— de la séparation de biens . . 7
— des sociétés 16
Privilège 24
Provision de la lettre de change . . . 31
Récépissé 22
Réhabilitation 68
Représentation des livres 6
Retraite 39
Revendication 66
Sociétés 7
— en nom collectif 8
— en commandite simple 9
— par actions 10
— anonyme 13
— à capital variable 15
Solidarité en matière de lettre de change 36
Syndics 56
Tenue des livres 5
Titres au porteur perdus ou volés . . . 45
Union des créanciers 62
Vente commerciale 28
— des meubles et marchandises . . 57
Vérification des créances 58
Voies de recours 66
Voiturier 26
Warrant 22

PARIS. — IMPRIMERIE MOQUET, RUE DES FOSSES-SAINT-JACQUES, 11

Paris. — Imprimerie MCQUET, rue des Fossés-St-Jacques, 11.

www.ingramcontent.com/pod-product-compliance
Ingram Content Group UK Ltd.
Pitfield, Milton Keynes, MK11 3LW, UK
UKHW031939260826
14628UKWH00004B/1729

9 782019 660932